周恩来と日本

日本留学の平和遺産

王《わん》敏《みん》 著

三和書籍

はじめに

日本の風土に息吹く留学生・周恩来

西洋文明をとりいれ近代化に成功した百年前の日本は、アジアの青年たちの憧れの留学先であった。後に新中国を率いた周恩来（一八九八－一九七六）もその一人として一九一七年秋から一九一九年春まで来日し、本格的な留学をめざした。辛亥革命後の当時の中国は激動期にあった。青年周恩来は中国の未来に燃えていたにちがいない。わずか一年半ほどの滞日にすぎなかったが、周恩来の脳裏には、忘れがたい日本への思いが終生、清冽に奔流している。

周恩来の在日経験は留学期のこの一回だけである。訪日の機会は以後ついになかった。しかし、新中国誕生時から首相を長期間務めた周恩来は、日本各界の代表たちが訪中のたびこぞって、会談の機会を設けている。終生変わらなかった知日的な姿勢が一九七二年の国交回復を実らせたことは間違いない。

周恩来の日本観はどこから形成されたのか。周恩来に親しみを覚える私たち世代にはずっと気がかりなテーマである。その手掛かりがきっとどこかにあると考えてきた。それを納得できる形で見つけたかった。その報告として本書を読んでいただきたいと願う。

一九一九年四月、周恩来は日本留学を打ち切り、激動の中国へ戻ろうと決意した。このとき京都を訪ねている。帰国前の貴重な僅かな時間を、古都京都の探訪にあてたのである。とくに京都の西郊、嵐山を思索の場とした。雨中の嵐山が感受性豊かな青年周恩来に中日関係の切実な息吹を吸い込ませる舞台になった。

歴史に触れると、忘れられていたことに気づかされる驚きがある、漢字使用の隣国なら歴史の交差があらたな発見を呼び合う。周恩来の日本観の結び目が嵐山探訪にうかがえるのではないか。周恩来は鋭敏である。寸秒もむだに留学期間を過ごしていなかった。日本留学の体験者ならわかるリフレインと言っていいだろう。日本観は周恩来の中で育まれ、膨らみ、後のちの中日関係に活かされたことは言うまでもない。

周恩来の京都での足跡を追っていくと、外国人・周恩来の日本認識の一端を突き止められると同時に、その行き先に日本人の自己認識にもつながると考えられる。また、その行き先に日中間の交差と結び目の示唆があり、日中の相互認識と相互研究の素材として参考になる。それが心を清めていき、双方向の平和実践に役立つ指南と実感しており、すなおに受けとめられるのである。そのいつわりない感受の洗礼を求めて、ここ二十数年、日本の風土に息吹く留学生・周恩来の痕跡を、一生懸命探してきた。

周恩来のご親族及び日中両国の有志の御支援の下、二〇一九年四月五日に『嵐山の周恩来』（三和書籍）を上梓して、周恩来の日本留学百周年記念に間に合った。それを踏まえた上、今回の拙著は、周恩来の心血を注いだ両国の国交正常化五〇周年記念に合わせての刊行となる。新たな調査資料と成果を節目の年に奉献できるよう、心から願う。

中国の山河に粉骨砕身の総理・周恩来

一九四九年の建国後、総理になった周恩来は、類まれな行政手腕を有し、人を逸らさない寛容力のあるスマートな政治家として、毛沢東主席を補佐し、中華人民共和国の建国に力を尽くした。周恩来総理の存在なくして、一九五〇年代以降の新中国と日本の関係、特に各方面の実質的交流を語ることはできない。それほど、周恩来総理は日本との関係を大切にしていた。

一九五三年九月二八日、周恩来は、建国後最初に訪中したといわれる日本平和擁護委員会委員長の大山郁夫（一八八〇－一九五五）に次のように語っている。

「われわれは、世界各国との正常な関係、とくに日本との正常な関係の回復を主張しています」

当時の日本は、アメリカの意向に従い、一九五二年のサンフランシスコ講和条約の相手として中華民国を選択し、日華平和条約を調印している。このような日中両政府間の不正常な状態において、先に国交回復に手を挙げたのは中国側であった。長く続いた列強による支配や中国革命、国共内戦といった国内の混乱によって疲弊し、孤立した状態にあった中国は、国際的地位を固めることを喫緊の課題としていた。他国との関係構築を模索する中、特筆すべきは、周恩来が一九一七年からの日本留学を通し、「日本には非常に美しい文化がある」「日本とは人生哲学、経済文化、生活習慣にいたるまで、中国は切っても切り離せない関係がある」実体験に基づき、日本人の持つ空間的に広い視野——常に時代の最先端の技術を他国から学び、自国の発展につなげる原動力——を中国に活かそうとしたことである。民間の持つ力を信じ、先ずは民間による全方位の友好外交を通して、日本との問題を早期解決しようと主張していた。

もう少し具体的に見ていくと、一九五四年、周恩来はインドを訪問し、国際外交の舞台で品格ある交流・交渉を展開した。ネルー首相との間に平和五原則（領土・主権の相互尊重、相互不可侵、内政不干渉、平等互恵、平和共存）を取り決めた。これは、国際政治に清新の気風を吹き込んだ、戦後世界政治史に残る画期の一コマと言える。一九五五年は、バンドン会議においてこの平和五原則を基礎として平和十原則が確認され、国際的な緊張関係が緩和していった時期である。周恩来は鋭くその流れを察知し、日本をはじめ、各国との連携を図った。

当時の対日の中国外交の特徴を述べれば、「民間先行、以民促官」、その後の「半民半官」「官民並挙」であろう。その中で当初から最重視されたのが経済と文化交流であった。

一九五六年に日本中国文化交流協会が創立されたその背景には、これまでの「横滑り方式」の散発的で、政治的な交流ではなく、日本の広範囲の文化人と交流するための窓口団体が必要だと周恩来たちが考え、対日政策を非常に重視する勢力が日本側に働きかけたことがある。

国交正常化に際しては、周恩来は「復讐や制裁では憎しみの連鎖は断ち切れない」「日本の人民もわが国の人民と同じく、日本軍国主義者の犠牲者である」との考えから、中国政府が日本に対する戦争賠償を求めなかった。

周恩来は、新中国成立から間もない一九五三年七月から一九七二年の日中国交正常化まで、二八七回、日本からの訪問客と面会したという記録がある。晩年には、病床で「もうどこにも行きたくない。だが、日本にだけは行きたい」「桜を見たい」と語っていた。

日本留学中に詠んだ「雨中嵐山」と重なる希求が燃え続けていた。「…人間的万象真理、愈求愈模糊、模糊中偶然見着一点光明、真愈覚嬌妍」（世のもろもろの真理は、求めるほどに模糊とするも、模糊の中にたまさかに一点の光明を見出せば、真にいよいよなまめかし）にある「一点の光明」とは、日中両国の世世代代の友好への期待と希望を、京都・嵐山から願っていたのではないだろうか。

二〇二二年、日中両国にとって国交正常化五〇年の記念の年。周恩来の日本への想いと期待が、永きにわたり受け継がれていくことを願っている。また、そのために身を投じる実践が次の五〇年へ伝承されるように期している。本書はその願いの賜物でもある。

本書の刊行日を四月五日とした。その日に少しくこだわった。というのは、青年周恩来が激動の中国へ帰国前に嵐山を探訪した日だったからである。その日平和への大志を込めて二つの詩をつくっている。

前作の碑「雨中嵐山」が嵐山の亀山公園に立てられている。建碑は周恩来の日中国交事業を称えて日中平和友好条約を締結した翌年のこと。そして後作の「雨後嵐山」は国交回復五〇年を記念して嵐山を臨む大悲閣千光寺境内に二〇二二年四月五日建立される。出版日をこだわった事情としたい。

目次

第一部　百年前の中国人日本留学の背景

第一章　同時代の「異なる」希求

戦争の警鐘が促した海外留学

古くは隋・唐時代から、日本は大陸中国へ留学僧や留学生を二〇回以上派遣し、中日交流史において学問への探求の道を拓いた。それから千年後、留学の目的地は逆転して、明治維新後は中国から日本へ移った。

アヘン戦争（一八四〇－四二）が眠れる中国を目覚めさせ、中国は西洋の発展を注目し始めてようやく一八七二年、中国清朝は最初の官費留学生三〇人を米国に派遣した。

日清戦争（一八九四－九五）の敗戦により、中国人は近代化の発展において、日本から学ぶ価値があることを認識し、しかも両国は文化や習慣、文字が似ているため、欧米に行くよりも近くの日本へ留学した方が便利でもあると考えた。こうして終戦の翌年（一八九六）、中国清朝はすぐにこの考えを行動に移し、留学生一三人を日本に派遣して学ばせた。こうして中国青年の日本留学の幕が開かれたのである。日露戦争（一九〇四－〇五）で日本が勝利したことは、さらに中国の奮起を促し、当時東京に集まった中国人留学生は一万人を超えるまでになった。

対して、日本は日清戦争の利益を直接的にも間接的にも受けていた。留学生を受け入れる理由は中国の派遣理由と大きく異なるものであったが、結果的に対日本の留学派遣は中国の教育史に不可欠のものとなった。これらの記録には日本の関係機関や人物がもたらした影響も記されている。

本章においては特に意義を持ち、参照すべきところについて言及する。

近代留学生教育の父：嘉納治五郎（一八六〇－一九三八）

中国の駐日公使を務めていた裕庚は一八九六年、日本の外務大臣・西園寺公望と交渉し、日本が中国の官費留学生を受け入れることを求めた。西園寺の古い友人で当時の東京高等師範学校の校長を務めていた嘉納治五郎は積極的に西園寺を支えた。

嘉納治五郎は、日本では誰もが知る「柔道の父」である。また、一九〇八年にはアジア人初の国際オリンピック委員会委員となり、教育の最前線で独自の理論によって教鞭を執り続けた教育家でもある。井上毅文部大臣に見出されて昇進し、近代日本初の官立の教員養成機関である東京高等師範学校の校長に就任し、約二五年間在任した。「教育という天職を楽しむ」を座右の銘としていた。

嘉納は幼い頃から四書五経に親しみ、一八歳のときに漢学塾・二松学舎（現在の二松学舎大学）に入塾し、その後、東京大学文学部に転学した。妻・須磨子の父は、文部大臣も務めた森有礼に随行して清国を訪問したことのある漢学者の竹添進一郎である。竹添は『桟雲峡雨日記』を書き、天津領事などを務めた。嘉納の周りは漢学の雰囲気に満ちていたと言える。

一九四一年、嘉納先生頌徳記念会の依頼を受け、嘉納夫人や親しい友人たちによる一次資料をもとに横山健堂の命を受けて執筆された『嘉納先生伝』が講道館より出版された。この書籍と長谷川純三編著『嘉納治五郎の教育と思想』（明治書院、一九八一）から見るに、儒家思想と漢学が嘉納の思想と人格形成の核心にあった。それを基盤として嘉納は『論語』を出典とする「智・仁・勇」の「三徳」と、一七世紀イギリスの思想家ジョン・ロック（一六三二－一七〇四）やドイツの教育家ヨハン・ベルンハルト・バゼドウ（一七二四－一七九〇）の思想をとり入れ、独自の「智・徳・体」三育主義を提唱した。

一九一六年、全校集会の場で嘉納は自身が生涯貫き通した教育観を語っている。

教育之事天下莫偉焉、一人徳教広加万人、一世化育遠及百世
教育之事天下莫楽焉、陶鋳英才兼善天下、其身雖亡余薫永存
（教育のこと、天下にこれより偉なるは無し。
一人の徳教、広く万人に加わり、一世の化育は遠く百世に及ぶ。
教育のこと、天下にこれより楽しきは無し。
英才を薫陶して兼ねて天下を善くす。その身、亡ぶといえども余薫とこしえに存す。）

洋学優勢の時代において嘉納が「和漢洋三学」の信念を貫き続けたのは、彼の思想的なルーツに儒学があり、漢学に心を寄せていたからであることは想像に難くない。そのため、嘉納は宏文学院や東京高等師範学校校長時代に少なくとも八〇〇〇人以上の中国人留学生を受け入れていた。その中には陳独秀[1]、楊昌済[2]、魯迅[3]、黄興[4]、楊度[5]、秋瑾[6]、田漢[7]なども含まれている。

一八九三年、正式に東京高等師範学校校長に任命された後、彼は和漢の教養を培うために「国漢科」設立の仕事に着手し、これは一八九五年に正式な授業科目となった。また、宏文学

院の教師たちに日本語教材の中国語翻訳を指示し、言語習得の猶予もない速成科学生たちに両国共通の漢字を頼りに、知識を得ながら日本語も学べるように教育方式を整えた。その結果として、留学生たちと漢字文明をより深く探究することができた。

一九〇二年七月、清末の政治家で洋務派官僚の張之洞[8]の招きで、嘉納は中国に約三カ月の教育視察を行った。『嘉納治五郎大系』（本の友社、一九八九）の第九巻には彼の「清国巡遊所感」が収録されているが、その文章の中で彼は帰国した留学生の憂国の思いをありのままに記し、才能をあらわすことが制約されており理想と現実に開きがあることにひどく胸を痛めていることを誠実に描いた。また、嘉納は真心を込めて次のように示した。中国自身の発展の特徴に基づいて改革のペースは急いではならず、平和的かつ緩やかに進んでいく方がいいだろう。また教育の分野では、普通教育や実業教育の発展を推進することが当面の急務だ、と。その心のこもった視点は今も人々に示唆を与えている。

日本留学の拠点：宏文学院

一八九六年六月九日、朝日新聞が清国初となる官費留学生の日本到着を報じた。報道では、横浜領事呂賢笙が蘇州・寧波から一三人の留学生を率いて日本に到着したと述べている。嘉納治五郎は留学生のために神田区三崎町に民家を借りて留学生たちを住まわせ、世話役に本田増次郎教授を配置した。そして、東京高等師範学校の教室などの施設を利用して留学生に授業を行った。

一八九九年、嘉納は留学生の住居に「亦楽書院」という看板を掲げた。言うまでもなく、「亦楽」とは『論語』の非常に有名な一句「有朋自遠方来、不亦楽乎（朋有り遠方より来る、また楽しからずや）」からとったものである。その後、より多くの中国人留学生がここに来て学んだ。嘉納も書院を正式な教育機関にするためのさまざまな準備を少しずつ進めていった。その後、当時の外務大臣・小村寿太郎の協力のもと、一九〇二年に正式な教育機関への改組申請が認められ、亦楽書院は「弘文学院」と改称された。先駆けとなる初期の留学生には後の文豪・魯迅、辛亥革命の際に活躍した黄興や宋教仁、中国共産党創設者の一人である陳独秀や李書城[9]などがいた。

牛込区牛込西五軒町に移転した弘文学院の校舎は非常に立派で、中国人留学生の教育拠点としてますます人々の期待を集めるようになった。

一九〇五年七月三日、清国政府は保和殿で「廷試（殿試）」（科挙試験の中で最優秀の官僚を選抜する超難関の試験。最後に清の皇帝の面接を受け、皇帝自らの選別結果に委ねる）を行っ

かつての宏文学院跡地。現在の新宿区西五軒町 13 番地、住友不動産飯田橋ビル 3 号館のあたり

た。これは初の帰国留学生たちの試験でもある。一三人のうち傷病で途中帰国した者以外の日本留学生たちは、唐宝鍔など三人が「進士」（廷試の合格者）の称号を得、他の人も「挙人」（郷試合格）や官職が与えられた。これに対し、朝日新聞は七月一一日に「日本留学生の殿試」、七月一七日に「日本留学生の採用」、七月二〇日に「殿試に留学生が合格」と相次いで記事を掲載し、留学生事業への関心というブームを盛り上げた。一九〇六年時点で、「宏文学院」（留学生が中国人であることを考慮し、清の乾隆帝の諱《いみな》である「弘暦」の「弘」を避けた改名）の在校生数は一六一五人に達し、日本最大の中国人留学生教育機関となっていた。教育の形式も中国の需要に対応し、「速成科」に力を入れ、専攻も焦眉の急である師範科を中心とした。

「速成科」の修業年限は三カ月から一年半まで一律ではなく、各学科の授業は通訳付きで行われた。しかしより深い教育効果を得るには正規の教育条件を参照する必要がある。そのため清政府は日本の文部省と協力して調整・修正を行い、共同で「五校特約」を締結した。こうして、一九〇八年からの一五年間に一六五人の留学生が五校に派遣された。この五校とは、第一高等学校、東京高等師範学校、東京高等工業学校、山口高等商業学校、千葉医学専門学校を指す。清政府は学生の学費を支払った。

そのような背景のもと、宏文学院は時代の荒波を前に勇退することを選び、一九〇九年に閉校した。七年間という短い期間だったが、その歴史的な使命を立派に果たし、中日が共有する教育史を前に進めるバトン役を果たした。七年間に、同校は七一九二人の留学生を受け入れ、そのうち三八一〇人が卒業し、中国の発展の中核を担う人材を送り出した。しかしながら関東大震災と火災によって当時の宏文学院は灰燼に帰し、その遺跡を知る人もほとんどいない。二〇〇七年、当時の温家宝国務院総理が訪日した際に日本の国会で演説を行い、宏文学院のもたらした成果について言及した。

昔の遣唐使が日本の文明の進歩に大きく貢献したように、日本へ留学した中国人学生も、近代中国の発展にかけがえのない役割を果たした。現在、東京都文京区にある東京高等師範学校の旧跡の一部である「占春園」には、嘉納治五郎の銅像が建っている。まるで今もここで中日両国が育んだ教育の成果を見守り、改めて漢字文明の重要性を考えるよう警告しているかのようである。

占春園と東京高等師範学校

東京都文京区大塚にある占春園は、徳川光圀の異母弟・松平頼元が一六五九年に造営した庭園である。青山の池田邸、溜池の黒田邸と並び江戸の三大名園と称されていた。一九〇三年に東京高等師範学校が湯島からこの地へ移転し、占春園は学校の一部となった。

東京高等師範学校は一八八六年に設立され、東京高師という略称で呼ばれていた。前身は東京師範学校という近代日本初の小学校教師を育成する学校であった。一八七二年に創立、アメリカ人のスコットを専任教師としていた。アメリカの教授法や教学ノウハウ、小学校の教科書や教学資料、教育器具などを取り入れ、クラスの授業や新たな教学を実践していた。一八七三年六月には附属小学校が設立され、実際に教育実習の場となった。一八七五年には中学師範科も増設され、中学校教師の育成も開始した。さらに編集局も置かれ、全国の小学校の新しい教科書の編纂・学習計画の制定がこの地から全国へ普及していった。

占春園の嘉納治五郎像

日本の近代初等教育事業の成功と発展に従って一八八六年に高等師範学校へ改称し、中等教育の教員育成のための日本初の高等師範学校となった。このことから、設立当初から「教育の大本山」と言われていた。

その後も中等教育とともに順調に発展を続け、高等教育の殿堂へ昇格していく。一九二九年には東京文理科大学として発足し、一九四九年には東京教育大学に組み入れられ、一九七三年に筑波大学となった。

日本の近代教育を始まりから支えてきたこの学校に、清朝末期、中国は多くのエリートを派遣し、研鑽を積ませた。毛沢東夫人・楊開慧[10]の父、中国近代教育家の楊昌済などが官費留学生として宏文学院から東京高等師範学校へ編入して教育学を修めている。中国共産党第一次全国代表大会の代表である李達、銭学森[11]の父銭家治[12]、嘉興第一中学の校長として知られる張印通[13]、中国国際交流協会副会長の張香山[14]などの著名人および北京高等師範学校・武昌高等師範学校の創設時の教員たちも同校の卒業生である。近代教育の啓蒙こそが、国を治めるための第一に必要とされていた時代だったのだ。

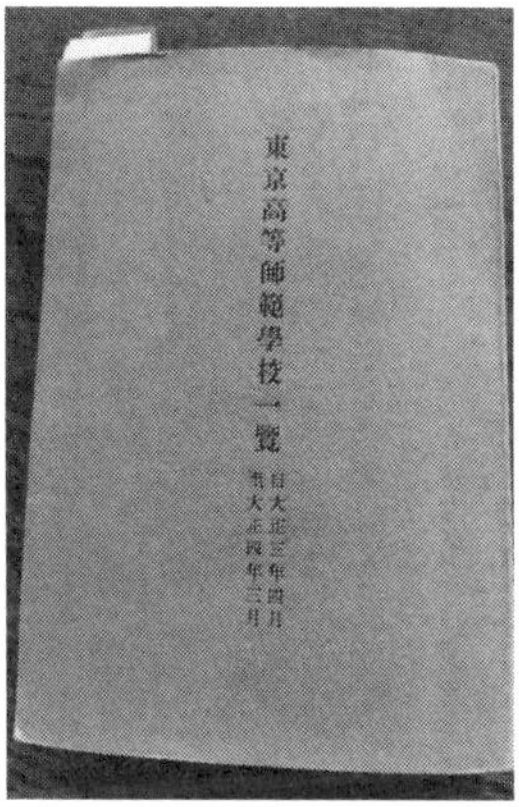

かつての『東京高等師範学校一覧』

留学生教育に生涯を捧げた松本亀次郎（一八六六－一九四五）

松本亀次郎は幼い頃、故郷である静岡県掛川の村にある学校で学んでいたが、近代教育が普及し始めた時代に、彼は一一歳から教師の助手を務めて、生徒でありながら小学校教師でもあるという二足のわらじを履いていた。その経験が彼に教育こそが自分の天職であるという確固たる信念を抱かせた。その後、佐賀県師範学校で教鞭を執っていた一九〇二年、日本初の方言辞書『佐賀県方言辞典』を編纂、出版して嘉納治五郎の目に留まる。翌年には宏文学院に教師として招聘され、以来三五年間にわたって中国人留学生の教育事業に尽力した。

また、松本亀次郎は嘉納治五郎の指示と支援により、中国人留学生のための教材作りに着手した。三年という短い期間に一八種もの日本語教科書編纂に携わり、それらの教材はその後三〇年の間、数えきれないほどの中国人留学生たちの学びを支えた。魯迅、秋瑾、李大釗、周恩来もその中に含まれる。筆者が客員教授を務める拓殖大学の図書館に、それらの教科書が所蔵されている。

拓殖大学は一九〇〇年に台湾協会学校として設立され、当時の内閣総理大臣であり同学校長でもあった桂太郎[15]の唱えた「進取の気性を備え、あらゆる民族から敬慕される、教養と品格

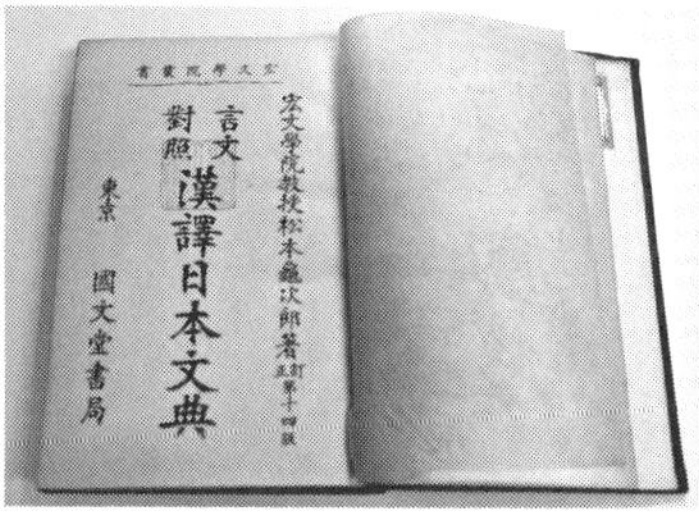

宏文学院在任中に松本亀次郎が編纂した日本語の教科書（拓殖大学図書館所蔵）

を具えた有用な人材の育成」を理念として掲げている。日清戦争・日露戦争のあった植民地主義の時代から連綿と時を重ね、教育者の新渡戸稲造[16]、政治家の後藤新平[17]、元首相中曽根康弘[18]などが歴代の総長を務めてきた拓殖大学は常にアジアへ目を向け続け、アジア圏の先進の気性を持った人材を育成してきた。また、すぐ近くにあった東京高等師範学校や宏文学院などと教育や学生活動において活発な交流があったという。

そのため、松本亀次郎の教材も現在拓殖大学に所蔵されているのである。また、「和文漢読法」と称す日本語教育の方法は当時の教育界において共通の探求課題であった。中国人学生に向けては日中双方が共通して分かる漢字からはじめれば速成でおおよそ一カ月、長くても一年で習得できた。これは、当時の日本語は書き言葉と話し言葉が明確に分かれており、文章体では日本語と中国語でほとんど同じ文語体だったためである。つまり書き言葉の中国語は漢文体と同じである。加えて特殊な漢字以外、日本語の漢字は中国語と大体同じ意味を持っていたため、留学生たちは漢字を通して日本語の文章のおおよその内容を把握することができた。このような背景から「日本語と中国語の文章体に大きな差異はない」という認識が広まり、「速成教育」と呼ばれる教育課程が日中間で成立することとなった。

宏文学院の閉校に伴い、松本亀次郎は北京の京師学堂で教鞭を執ることとなった。帰国後は東亜高等予備学校を創立し、周恩来などの留学生を受け入れた。松本は『譯解日語肯綮大全』の序文に「予ハ 中華學生諸氏ニ 日本語ヲ教授スルコト…（中略）…終生ノ天職トシ 之ヲ以ッテ至樂トシ」と記している。その言葉の通り、彼は中国人留学生への教育をライフワークとしていた。後世には「中国の留学生教育に生涯を捧げた人」と称えられている。日本語教育が植民地政策の一環として行われていた帝国主義の時代に、松本亀次郎は和平と友好の架け橋としての日本語教育にその生涯を捧げた。

中国人留学生受け入れの仕組みと矢野文雄（龍渓）（一八五一－一九三一）

「桂園時代」と呼ばれる桂太郎・西園寺公望が交互に政権を握っていた時代、腹心だった小村寿太郎[19]など、中国人の日本留学の促進に多大な貢献を果たした人物が幾名かいる。一八九七年に日本政府が清国に派遣した特命全権公使の矢野文雄もその一人だ。在任中、矢野は清朝の重臣筆頭である李鴻章と極めて密に交流し、中国の人材不足の問題をよく知っており、一八九六年に派遣された清国の官費留学生一三人に関心を寄せ、一八九八年にも引き続き清国が派遣する留学生事業に協力した。これは、同年一月に貴族院議長の近衛篤麿が『太陽』誌上で日本と清国が手を組みロシアに対抗する必要性を述べた論文「同人種同盟 附支那問題研究の必要」と近い視点を持っている。そのため矢野は引き続き留学生の派遣に協力し、さらに日本政府が一九〇〇年に「文部省直轄学校外国委託生ニ関スル規程」を制定し、翌年に文部省令第十五号「直轄学校外国人特別入学規程」を発布することを後押しした。こうして中国人の日本留学の手続きはいっそう順調になった。

儒学の共有と教育面の距離の短縮

一九〇二年五月、嘉納治五郎は一八九八年創刊の『国士』第五巻四四号に「清国」という夕イトルの論文を発表した。文中において明確に「アヘン戦争以来、欧州諸国の清国を分割しようという野心が徐々に露わになっている。我々は清国と相互依存関係にある我が国も危機の渦に巻き込まれることを自覚するとともに、清国の覚悟を呼び起こし、両国の協力をもって清国の保全に努めるべきである。両国の地理・文化は緊密であるがために、日本人が大陸へ進出し、大陸の資源を開拓することを奨励する。これこそが宏文学院設立の根本であり、支那留学生の教育に心を尽くすことこそが「東亜経論」の偉業を継ぐ事である」と述べている。

この論文が桂園時代の精神と相関していることは明らかである。桂園時代とは日露戦争と明治天皇崩御を挟む一〇年あまり（一九〇一－一九一三）を指す。桂太郎と西園寺公望が政権を交互に担当した期間だ。この時の日本は日英同盟の締結、日露戦争の勝利、韓国併合など覇権主義の道を歩み始める。清国の保全によって東アジアを支配することが同時代の日本の大勢を占める思想であった。しかしその一方で、中国と手を組みアジアを奮い立たせて漢字文化圏の伝統と価値を守るという理想主義も存在していた。

その一例が、東京高等師範学校の職員による孔子祭の復古であった。

『続日本紀』によると、日本で初めて孔子祭が行われたのは七〇一年三月二七日の大学寮であった。一六三二年には日本で有名な儒学の大家・林羅山が徳川幕府の指示もあって上野忍岡《しのぶがおか》に孔子廟として忍岡聖堂を創建した。一六九〇年に移転されて湯島聖堂として新たに生まれ変わり、時代の変遷や自然災害で壊されたが、幕末まで孔子廟として永々と尊ばれた。しかし、明治維新の西洋化の波にのまれ孔子祭はやむを得ず中断されることとなった。

これに対し、日本資本主義の父と呼ばれる渋沢栄一をはじめ、各界のリーダーが異を唱えた。筑波大学が二〇一五年に発行した図録『よみがえる湯島聖堂本尊孔子像彩色復元特別展―聖堂ゆかりの狩野派絵画』には、嘉納治五郎が校長を務めた東京高等師範学校の教員たちが自発的に孔子祭復興のための組織「孔子祭典会」を設立し、各界の尽力により一九〇七年ついに孔子祭が再開されたことが書かれている。一九一九年に至るまで一三回の孔子祭において嘉納治五郎が祭司を務めた。

当時は時代の趨勢や圧力に負けず、自分の心のままに従う人が多かった。このことも嘉納治五郎と東京高等師範学校が漢字文明を伝承し、儒教の精神を実践していたことをいっそう裏付けるものである。彼らが理想とするモデルは漢字文明の価値体系に由来しており、これこそが彼らが教育において本能的に中国人留学生受け入れへ動いた原動力でもある。

現在、湯島聖堂では毎年四月第四日曜日に「釈奠」（孔子様に酒と食事などを祀る）の儀式が行われている。大成殿中央の神龕の上には孔子像があり、その左右に孟子、顔回、曾子、子

孔子祭再開後最初の祭祀の模様。インターネットより

評議員				
井上　円了	井上哲次郎	伊沢　修二	細川潤次郎	星野　恒
冨田鉄之助	加藤　弘之	嘉納治五郎	芳野　世経	谷　干城
宗　重望	那珂　通世	南摩　綱紀	牧野　伸顕	阪谷　芳郎
三島　毅	重野　安繹	渋沢　栄一	土方　久元	関　義臣
委　員				
市村瓚次郎	細田　謙蔵	嘉納治五郎	吉田　静致	棚橋源太郎
桑原　隲蔵	安井小太郎	溝淵　進馬	三宅　米吉	塩谷　時敏

孔子祭典会とされる評議委員の名簿。インターネットより

思の四賢人が並ぶ。また毎年、入試シーズンには多くの受験生家族が合格祈願のために訪れている。

つまり、時代精神や政治情勢がいかに複雑であっても、同じ漢字文明の教育体系という結びつきは海を隔てた中国と日本の距離を縮め、人々の尽きることない夢への探訪を導いているのである。

第二章　日本で育んだ「一大」（中国共産党第一回代表大会）の代表

日本の大学教室で教わった西洋のマルクス主義

明治維新以降、さまざまな主義や理論は日本が理解し、参考にすべき知識の対象とされてきた。マルクス主義も哲学や経済学の一部として高等教育機関で教えられ、社会に広まった。

一九〇四年一一月一三日付の週刊『平民新聞』第五三号には、創刊一周年の記念として、発刊の中心だった社会主義者の幸徳秋水[20]と堺利彦[21]の共訳で「共産党宣言」が発表された。それから一六年後の一九二〇年、言語学者・陳望道[22]が日本語版から翻訳した中国語版の『共産党宣言』が中国で出版された。同時に社会運動家・高畠素之[23]らが翻訳した日本語版『マルクス全集』が出版社・大鐙閣から次々と刊行された。さらにその一〇年後の一九三〇年、陳啓修が日本語版を参照して翻訳した中国語版『資本論』が上海で刊行された。

一方、一九一六年には若き学者・河上肇[24]が大阪朝日新聞で連載していた「貧乏物語」で日本の貧富の格差現象の分析・詳述から始まり現実問題を解決するための方法論を提唱し、ひいては科学的社会主義が参考になることを明らかにした。彼は生活に必要不可欠な油・塩・醤・酢の費用の考察から手をつけ、当時の庶民に広く読まれていた石川啄木[25]の詩を引用して問題を指摘し、労働と資本の関係を論述した。「はたらけど　はたらけど猶　わが生活　楽にならざり　ぢつと手を見る」。抽象的で理解し難い経済理論より身に迫る「はたらけど」の言葉は民衆に強い共感を呼び起こし、一〇〇年前の好奇心旺盛な各界の耳目を集めるとともに、中国人留学生の探究の情熱をさらに燃え上がらせた。

『貧乏物語』が日本を席巻していたのと時代を同じくする一九一七年一一月七日、ロシア革命によって人類史上初の社会主義国家が誕生した。この革命は理想的な新国家のモデルを示すと共に、日本で学ぶ中国人留学生たちに目指すべき方向性を指し示した。以降、日中両国の志士たちは「科学的社会主義」の道の上で出会い、ロシアの影響を受けた同時代の国境を越えた連携の火種がまかれた。

陳独秀が先陣を切って一九一五年に創刊した『新青年』上で「二〇世紀のロシアの共和には無限の前途があり、その影響は人類の幸福と文明に及ぶだろう」と口火を切り、この鼓舞に続き李大釗が一九一九年の『新青年』第五号で「マルクス経済学説」の論述を掲載、李達も同年六月に「社会主義とは何か」「社会主義の目的」などを発表している。さらに一九一九年から一九二〇年にかけて李漢俊が『マルクス資本論入門』を翻訳、一九二〇年に陳望道が陳独秀の求めに応じて『共産党宣言』を翻訳、一九二一年に李達が『唯物史観解説』『マルクス経済学説』を翻訳し、一九二二年には陳独秀が『新青年』第九巻第三号と第六号で「社会主義批判」と「マルクス学説」を紹介している。言うまでもなくこれらの作品は共産党建設の準備段階において強く彼らのモチベーションを支えた。

石川禎浩著『中国共産党成立史』（岩波書店、二〇〇一年、四四三頁）の集計によると、一九一九年から一九二二年までの三年間に、日本からきた社会主義著作一四〇点が中国で出版された。このようにして日本を通った火種は日本留学経験者たちの筆によって耕されて中国に根をおろし、李大釗が発起し一九二〇年に北京大学で設立した最初のマルクス主義研究・普及組織「マルクス思想学説研究会」を生み出す事となった。すぐに続けて新文化の旗手で北京大学教授の陳独秀や北京大学図書館館長の李大釗ら日本留学経験者らが国内勢力と協力して上海や北京・広州・武漢・長沙・済南などで共産主義グループを立ち上げ、一九二一年七月二三日から三一日にかけて中国共産党第一次全国代表大会が開かれたのである。

第一次全国代表大会では、この留学組のうち七人が代表に選出され、代表総数の半数を占めた。実際に参加したのは、李達、李漢俊、董必武、周仏海の四人で、参加した一三人の代表者のうち三分の一を占めた。陳独秀、李大釗、陳望道は事情で出席できず、陳独秀は欠席当選で初代中央委員会総書記に選出された。

関連人物一覧

陳独秀	1879-1942	
	1901-1902 年 3 月	東京弘文学院
	1902 年 9 月 -1903 年 9 月	東京成城学校
	1907-1908	東京正則英語学校、早稲田大学
	1914-1915	追跡から逃れて日本へ脱出
李大釗	1889-1927	
	1913-1916	早稲田大学政治学科
陳望道	1891-1977	
	1915-1920	東洋大学、早稲田大学、中央大学
李漢俊	1890-1927	
	1902-1918	経緯学堂、暁星中学、東京帝国大学土木工科
李達	1890-1966	
	1913-1914	東京高等師範学校
	1917-1920	東京第一高等学校
董必武	1886-1975	
	1914-1915	日本大学
	1916-1918	日本大学
周仏海	1897-1948	
	1917-1924	鹿児島第七高等学校、京都帝国大学経済学部
陳啓修	1886-1960	
	1905-1917	東京一高等学校、東京帝国大学法科
	1927-1930	日本へ亡命

特筆すべきは、彼らは日本留学中には直接の交流を持っていなかったようなのである。帰国後に彼らを結びつけたのは、日本で得た経験によって中国の幸福と理想を追い求めようという熱意だった。例えば、上述の翻訳者二人の陳氏はそれぞれ陳独秀と李大釗の指導のもと翻訳を完成させている。その後も、かつて留学生共産主義グループの代表であった周仏海が志を変えて離叛するなど、彼らの運命は波乱に満ちていた。本書では〝一大代表〟の三名と関係の人物について、そして日本との関わりについて焦点を当てて述べていきたい。

理論界の魯迅：李達

一八九〇年に湖南省で生まれた李達は幼少から才気に溢れ、成績優秀な子どもだった。一九〇九年秋に北京京師優級師範学堂（北京師範大学の前身）に入学し、一九一三年には次席の成績を修めて湖南省の公費留学生となり、東京高等師範学校で地質鉱物学を学んだ。彼は日本留学という機会をことのほか大切に考え、日本語・英語・ドイツ語の習得にも努め、積極的にお隣の拓殖大学へ赴き学生交流に参加した。一九〇三年から一九〇五年にかけて河上肇の経済学の講義が評判を呼び、授業内容を含む一連の著作も多く出版されていた。頭角を現し始めていた河上肇について、李達はその頃から注目していたと考えられる。

李達がいつから河上肇の世界へ入っていったか調べるため、筆者は拓殖大学の図書館を訪ね、李達の最初の留学時代（一九一三－一九一四）に読まれていたと思われる書籍を実際に手に取った。そこで百年前に刊行した以下の書籍が見つかった。

・『経済学上之根本観念』〈千駄木叢書〉（昌平堂川岡書店、一九〇五）
・『日本尊農論』〈虚遊軒文庫〉（横井時敬閲、読売新聞日就社、一九〇五）
・『社会主義評論』（読売新聞社、一九〇六）
・『人生の帰趣』（今古堂、一九〇六）
・『日本農政学』（同文館、一九〇六）
・『無我愛の真理』〈無我愛叢書〉（昌平堂川岡書店、一九〇六）
・『経済学原論』（有斐閣、一九〇七）
・『人類原始ノ生活』〈京都法学会 法律学経済学研究叢書〉（有斐閣、一九〇九）
・『時勢之変』（読売新聞社、一九一一）
・『経済学研究』（博文館、一九一二）
・『金ト信用ト物価：輓近物価騰貴之一研究』〈京都法学会 法律学経済学研究叢書〉（有斐閣、

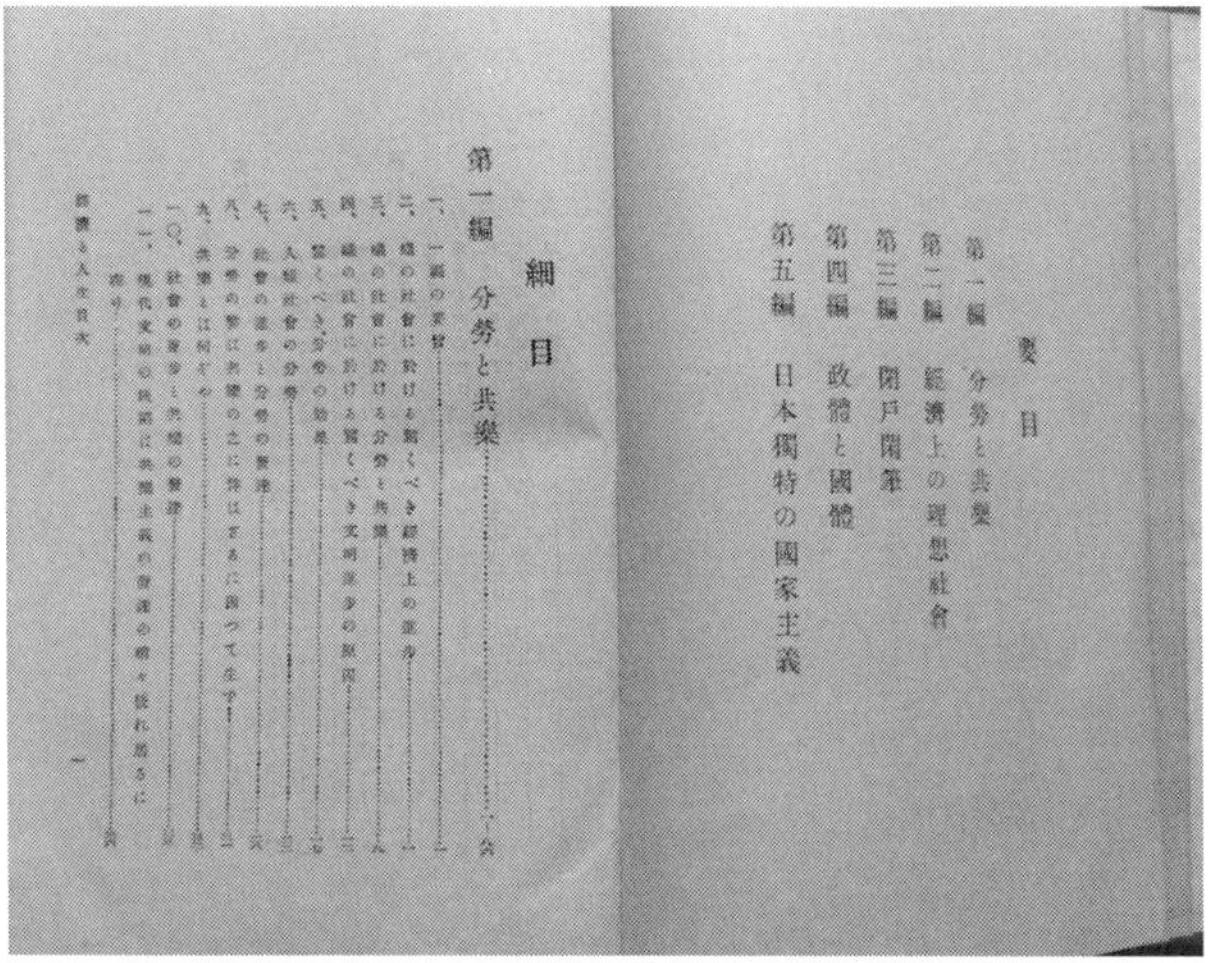

要目

第一編　分勞と共樂
第二編　經濟上の理想社會
第三編　閉戸閑筆
第四編　政體と國體
第五編　日本獨特の國家主義

細目

第一編　分勞と共樂

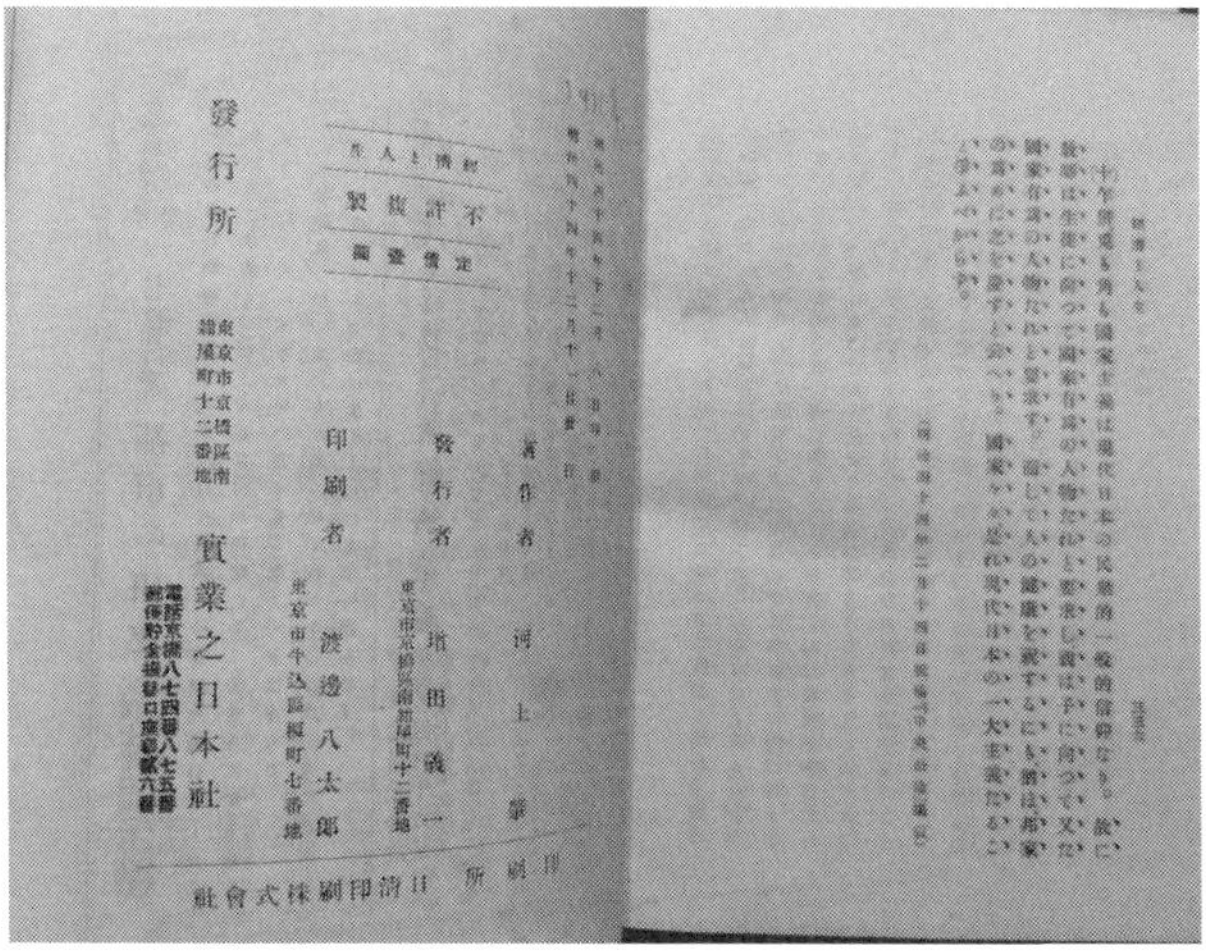

不許複製

著作者　河上　肇

發行者　増田義一

印刷者　渡邊八太郎

發行所　實業之日本社

河上肇『経済と人生』（実業之日本社、1911）の目次（上）と奥付（下）

一九一三）

・『経済原論』（有斐閣、一九一三）

これらの著書は李達がかつて熟読したものであろう。李達が初めて新しい知識や新しい思想に触れたことを示す重要な資料である。現在、新型コロナウイルス感染症の拡大に伴い筑波大学の一部になった東京高等師範学校の図書館の開放が制限されており、近隣の拓殖大学図書館の蔵書を調べて、網羅的に紹介しかできないことをご容赦いただきたい。

しかし、李達は無理を押して学び続けたために肺病を患い、一九一四年にやむを得ず帰国し療養することとなった。治療後は日本の開放的な知識環境を求め、再び公費留学を勝ち取り、「産業による救国」を胸に東京第一高等学校理科へ入学した。この時、河上肇の新作『貧乏物語』は世間に広く知られており、これを読んで影響を受けた李達は必然的にマルクス主義へと傾倒していった。筆者は、李達の思想プロセスを追う中で、河上肇が一九一一年に実業之日本社から出版した『経済と人生』を開いた。河上はこの本の第一篇「分労と共楽」の中で、蟻の社会の経済進歩と文明進歩について解析して、人間社会に啓示を与えようとした。

筆者もまたこの作品の生き生きとした描写に衝撃を受け、更なる知的好奇心を刺激された。

一〇〇年前の中国人留学生たちがいかに心を奮い立たせたかは想像に難くない。これも河上肇の名と近代中国人留学生たちを結びつけるゆえんであった。

一九一八年、段祺瑞は日本と秘密裏に軍事同盟を結び、再び李達の行く道に大きな打撃を与えた。彼は日本留学生たちを一〇〇人ほど率いて北京へ赴き、「中日共同防敵軍事協定」を締結した段祺瑞政府への反対デモを実行した。しかし、当局の対応は彼に反動政府（北洋軍閥政府）の支配下では「産業救国」「科学救国」は不可能であることを痛感させるだけだった。中国の変革にはロシアの十月革命モデルが必要だと悟り、李達は理学を捨てていっそうマルクス主義へと邁進し、国内における「社会主義とは何か」「社会主義の目的」などの論文を発表してマルクス主義啓蒙の声をあげた。

李達の講座が理学系から文学系へ転向したことは、当時の日本社会の風潮と密接な関係がある。当時日本はまさに大正時代（一九一二－一九二六）の半ばで、民本主義の興隆期。最も西洋化が進んだ時代であり、日本の近代史上で僅くも平和と繁栄、自由が花開いた時代でもあった。出版業界は活況を呈し、民主運動や社会運動が盛んになり、東京は民主主義・アナーキズム・社会主義運動の中心地となっていた。

つまり、このような日本社会全体の気風のもと、日本は西洋文明を理解し、新しい知識を吸収して異国情緒に染まったプラットフォームとして機能していたのだと言える。

李達は一九二〇年に帰国後、上海の共産主義グループの結成に加わった。第一回党大会では中央委員会の宣伝主任に選ばれ、人民出版社を創立した。その際に『現代社会学』『社会学大綱』『経済学大綱』『社会進化史』『貨幣学概論』『法理学大綱』『「実践論」解説』『「矛盾論」解説』『唯物弁証法大綱』など多くの著作を残している。

血気盛んな李達は意見の違いから一度離党したが、一度たりともマルクス主義の研究に対する強い信念が揺らぐことはなかった。第一回党大会成功に続く第二回党大会にも会議場所として自宅を提供している。四〇万字に及ぶ『社会学大綱』と全二〇巻の『李達全集』などの大作の執筆に打ち込み、マルクス主義による中国改造のために強固で信頼に足る理論的根拠を提供し続けた。毛沢東から「理論界の魯迅」と称賛され、一九四九年には毛沢東じきじきの呼びかけを受け、再び党員となった。

芥川龍之介が描いた中国共産党員たち

ＮＨＫは二〇一九年末、芥川龍之介（一八九二－一九二七）の『支那游記』をモチーフにしたドラマ『ストレンジャー――上海の芥川龍之介』を放送した。この中で、芥川が当時の中国の著名人を訪ねる三つのエピソードが描かれた。その人物とは、中華民国を代表する章炳麟（一八六九－一九三六）と伝統中国文化を代表する書家で政治家の鄭孝胥（一八六〇－一九三八）、そして若き革命勢力の代表・李人傑（李漢俊）だ。前の二人と比べて、李漢俊の言葉には希望と信念の力が満ちあふれていた――「種はもうこの手の中にあります。中国は大変広くて、そして荒れ果てています。困難は覚悟しています。しかしその困難に私の力が及ぶかどうか、私の体が耐えるかどうか、それは分かりません」。ドラマのラストシーンでは、芥川が自殺したのと同じ年、一九二七年に共産党の大規模な包囲攻撃が行われ、李漢俊の悲報が伝えられる。

一九二一年、芥川龍之介は大阪毎日新聞の海外視察員として上海に渡り、四カ月かけて中国各地を取材した。その実体験をもとに執筆された『上海游記』（後に『支那遊記』に収録）は後年テレビドラマ『ストレンジャー――上海の芥川龍之介』（NHK、二〇一九）に翻案され、このドラマはアメリカ国際フィルム・ビデオ祭・エンターテインメント部門の最優秀賞を受賞した。

実際に李漢俊は国民党の反共政策に抵抗したため、一九二七年一二月一七日に逮捕され、三七歳という若さで銃殺されている。一九五二年八月、毛沢東自ら「革命家殉職者家族の栄光証書」を発行し「李漢俊同志は革命闘争で栄光の死を遂げ、その功績は永遠に不朽のものである」として革命烈士に追認した。

一九〇四年、一四歳の李漢俊は兄の李書城と共に日本に留学した。彼はまず暁星中学で学び、卒業後名古屋第八高等学校へ入学した。彼が卒業した年は著名な文学者・郁達夫[26]が入学した年である。一九一五年、東京帝国大学土木工科に合格した官費留学生の間にマルクス主義の影響を受けた。

学業を終え帰国した李漢俊は一九一八年、労働者向けの週刊『労働界』を創刊するとともに、雑誌の『新青年』『週間評論』『共産党』の編集に参加した。一九一九年から一九二一年までに九〇篇余の文章を発表し、毛沢東や劉少奇、周恩来、董必武に代表される一世代の若者たちに影響を与えた。

〝二李〟を支えた李書城

李達と李漢俊の〝二李〟はいずれも官費留学を得ることができたずば抜けて優秀な人物で、同じようにより大きな理想のため理系を棄てて文系を追い求め、同じように筆をふるって火種を播いた。彼らはどちらも一度は離党し、挫折を経験している。しかし彼らは生涯初志を貫き続け、日本留学中に灯したたいまつを高く掲げ、中国的マルクス主義の実践に終生奮闘した。

　ここで語らなければならないのが、李漢俊の兄・李書城（一八八二－一九六五）である。党大会メンバー一三人に名を連ねなくとも、彼は党大会の成功において重要な役割を果たした。一九二一年、中国共産党は設立準備や第一回党大会のため、人目につかない安全な場所を必要としていた。そこで李書城は犠牲をいとわず、上海の自宅（現在の興業路七六号 中国共産党第一回党大会記念館）を弟の李漢俊へ無償で提供したのである。上述のドラマで芥川龍之介が李漢俊を訪ねた場所もまた、当時の望志路一〇六号にある李邸であった。第一回党大会も約一八㎡の一階客間で開かれた。そのため一九六四年、毛沢東国家主席が李書城と会見した際に「あなたの邸宅で偉大な中国共産党は生まれた。あなたこそが我が党生誕の地だ」と述べた。

　李書城はもともと一八九九年の秀才（科挙の科目のひとつ）で、一九〇二年に張之洞地方政府から奨学金を受け日本へ留学した。清国政府の要請に応えて設立された予備学校・弘文学院（一九〇三年に宏文学院へ改称）で日本語を学んだ。宏文学院での同期には黄興、陳天華、楊度、胡漢民、張瀾[27]、林伯渠[28]、楊昌済、朱剣凡[29]、陳寅恪[30]、魯迅など中華民国の諸名士が並んでいる。

　宏文学院で二年間学び帰国した李書城は一九〇四年再び来日し、東京振武学校、そして陸軍士官学校に留学した。東京振武学校では多くの有名人が学んでいる。蔡鍔[31]や呉玉章[32]、蒋介石[33]、何応欽[34]、楊宇霆[35]などだ。留学生たちが陸軍士官学校を選んだのは当時日本が明治維新で押し進めていた「殖産興業」と「富国強兵」という国策に関連している。富国強兵は現代化と科学技術発展の活性剤として、当時アジア各国がその重要性を意識していた。それが李書城を始めとする国民党の軍官が皆、振武学校や陸軍士官学校を選んだ理由のひとつだ。

一九〇五年、李書城は孫文と中国同盟会を設立、一九〇八年の帰国後は北京政府陸軍総長として国民党政府の軍事的・政治的要員となった。そして振武学校で学んだことを実際に役立てるべく武昌起義などの武装蜂起に参加したが度重なる敗北の後、一九一三年に同窓の黄興とともに日本へ逃れた。これは李書城の三回目の日本渡航であった。

一九〇四年に一四歳の李漢俊を日本留学へ導いたのは李書城である。そして第一回党大会の会場として望志路一〇六号の自宅を提供したのも彼である。それは、彼自身が幾度も革命の過程で重大な失敗を重ねる中で、中国の問題を解決するには共産党の正しい方向へついていくしか活路はないと痛感していたからである。中国近代民主革命家として救国の道を模索する中で、彼はマルクス主義こそが中国発展の強力な思想モデルであることをはっきりと認識していた。

一九四九年の新中国成立後、毛沢東主席に招かれ李書城は超党派代表として中国人民政治協商会議第一期全体会議に出席した。そこで周総理の指名を受け、新中国の初代農業部長となった。一九五六年には全国人民代表大会（全人代）の常務委員にも選出されている。

そして一九六五年八月二六日、李書城は北京で病死した。享年八三歳であった。その葬儀では毛沢東・周恩来・董必武など党及び国家のリーダーたちが弔花を捧げ、この「中国共産党生誕の地」を悼んだ。

このように、誓いを立てずとも中国の変革に人生を捧げた人々がいる。李書城はそのうちの一人だ。彼は若年期に辛亥革命へ身を捧げただけではなく、我が身を顧みず中国共産党が新たな道を切り拓くのを助けた。彼の大きな目標は中国の夢の復興であり、大きな理想は国のため民のために大同を求めることだったのだ。

「薫用威」となった董必武

一九四九年一〇月一日、中国共産党設立から二八年後にかつての一三人のうちただ董必武と毛沢東のみが天安門の望楼に立ち、新中国の設立を宣言した。

董必武は非常に聡明な少年で、一九〇三年、わずか一七歳で秀才に合格して将来を嘱望され

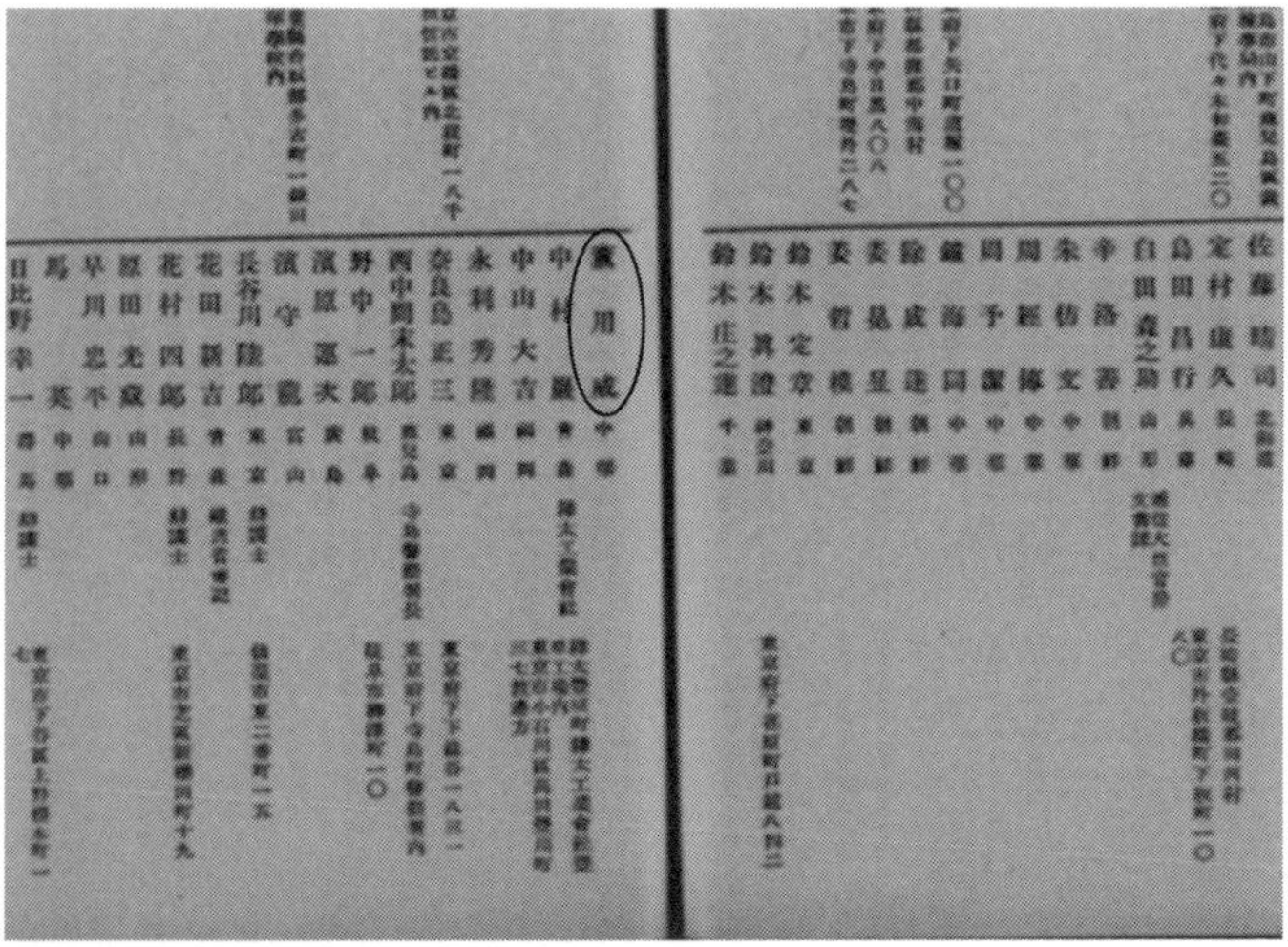

日本大学校友会会員名簿

ていた。湖北総督張之洞の「新政」に薫陶を得ており、一九一〇年には湖北省第一中学校に合格している。また、後には同校で英語と国語の教鞭も執っている。一九一一年に辛亥革命へ身を投じ、武昌蜂起が勃発すると蜂起部隊に加わった。しかしその後、革命の成果は袁世凱に奪われ、孫文の第二次革命は失敗に終わり、董必武と革命の同志・張国恩は軍閥に捕まり殺害されかけ、やむなく二人で日本へと逃れた。一九一四年、董必武は東京の私立大学である日本大学の法科に入学している。一九一四－一九一五年と一九一六－一九一八年の二度にわたり、そこで法律を学んだ。

董必武の長男・董良羽氏が二度の日本留学はいずれも当局からの逃亡に関連していたことを教えてくれた。昭和七年（一九三二）に発行された日本大学校友会会員名簿に大正六年(一九一七)の法学部卒業生が記載されており「薫用威」という名が記されている。これは、董必武が軍閥の追及をかわすため日本へ逃げる際に使った偽名である。

この名簿には、董必武と苦難を共にした張国恩の名前も見ることができる。

董必武は日本留学中も革命活動を続け、孫文が日本で設立した中華革命党にも参加している。一九一五年六月、董必武と張国恩は帰国後も反袁活動を続け、二人とも刑務所へ入れられた。袁世凱政権が倒れるまで彼らは塀の中に押し込まれ続けていた。

そして一九一七年二月、自由を取り戻した董必武は再び日本大学へ戻り、卒業試験を受けて合格証書を得た。その足で武昌に戻った彼は親友・張国恩と法律事務所を立ち上げる。この事務所を隠れ蓑にして彼らは革命運動に邁進した。また、事務所の収入も革命資金に宛てがわれていた。民衆に真摯だったこの事務所は当時の社会において高く賞賛され、二人は「剣より強きペン」「弁舌の達人」と称えられていた。

董必武と張国恩はともに五四運動へ参加し、日本へ逃げ、武昌で戦い、再び母国で手を組み、新中国の成立を見届けた。その友情は何十年も固く紡がれてきたものである。董必武の長男・董良羽氏は「父・董必武は生前よく命運を共にした友情のことを語っていた」と筆者に話してくれた。だからこそ卒業生の名簿から張国恩の名前を見つけてほしいとも願われた。

董必武個人の歴史を紐解くとき、李漢俊もまた重要な案内人として言及しなければならない。董必武は辛亥革命の失敗、投獄、二度にわたる日本亡命と袋小路に追い込まれていく。新しい中国の未来は、はたしてどこにあるのだろうか。孫文に教えを請うたとき、湖北省の同郷の李漢俊が博学で幅広い見聞を持つことを聞いた。そこで武漢から上海へ赴き、自分より4歳年下の李漢俊にロシアの十月革命に関する状況を教えてもらったり、中国語版と日本語版の『マルクス資本論入門』と日本の雑誌『黎明』『改造』『新潮』などをもらったり贈ったりした。董必武は李漢俊が当時社会にあったさまざまな主義を整理してロシアのマルクス主義を実践すべきと言ったことを思い返し、李漢俊を自分の「マルクス主義の先生」と呼んだ。

李漢俊の示唆により、董必武は中国共産党だけが中国を救う道だと悟る。以降、彼は中国共産党の数十年にわたる幾多の戦いにつき従った。そして一九四九年、毛沢東国家主席と肩を並べて天安門の楼上に立ち、世界が注目する新中国の開国式典に参加した。その後、董必武は日本で学んだことを生かし、新中国の法制度の構築に画期的な貢献を果たした。

「九〇年の光は瞬く間に過ぎ人生は困難の連続だった。マルクスとレーニンに導かれ、道は切り拓かれると信じている」――一九七五年、董必武が誕生日に書いた「九十初度」の詩である。

同年四月二日、董必武は病によりこの世を去った。享年九〇歳であった。

時代を超えて輝く知識の炎

一八九九年二月、イギリスの宣教師ティモシー・リチャードが『萬國公報』で蔡爾康と共同で翻訳した「大同学」を掲載した。その中でマルクスと『資本論』にも簡単に触れられていたが、あまり注目されず中国人の視野に入ることもなかった。その後、マルクス主義は三つのルートから中国へ入ってきた。旧ソ連、西欧、日本である。本稿では日本からのルートの一部分を簡単に整理した。日本と中国は最も距離が近く、古くから一衣帯水の関係であったからだ。

康有為に続き梁啓超は日本で「大同」の夢を探し求め、孫文は日本で中国同盟会を立ち上げて辛亥革命の新しい時代を切り拓いた。その後も留学生たちは日本を舞台に知識の探求を続ける。なぜなら先の二段階の革命の限界が明らかになり、中国の特性に合致する新たな道が急務であった。そのようなときに彼らは日本で新しい思想・新しい知識――マルクス主義と出会った。彼らを通じてこの特殊な時代に灯った知識の火が中国の大地へ燃え広がり、今日の中国の平和と繁栄を確立し、そして中国共産党が導いた社会主義の成功を実証したのである。

党設立の準備段階で留学生たちがどのような役割を果たしたか？　彼らの貢献を振り返ることで留学文化の価値を仔細に眺め、志ある若者たちのたゆまぬ努力から生まれる知識を汲みとるところに尽きる。当時の日本が開放的かつ寛容で古いものを捨て新しいものを吸収することができたのは、日本の教育がある程度漢字文化圏が共通して持つ価値観と学問の根本を継承しており、その結果として自主的に知識を探求する空間を生み出していたわけである。激動から一〇〇年の時が経った今、世界も日本も中国もまた、大きな変動の局面に立っている。歴史に学び、留学文化というものを改めて耕し切り開くことで、現代に生きる我々もまた、文明の更なる進化を追求していけるだろう。

第三章　中国近代化を導いた先駆者たち――中国留学生を中心に

西原春夫（早稲田大学元総長）×王敏

一〇〇年ほど前、社会変革のため、多くの若者が中国から日本に留学した。その代表的な人物として、周恩来、李大釗、李達年、李漢俊などが挙げられる。留学生を最初に受け入れた学校の一つが東京専門学校、現在の早稲田大学である。そこで早稲田大学元総長・西原春夫氏に、著者との対談を通して、日本及び中国の当時の時代背景、中国人留学生が増えた理由、そしてなぜ多くの留学生が早稲田大学を目指したのかなどを、解説していただいた。

王　一九世紀の九〇年代、当時の清国より多くの留学生が日本に来ました。留学生に最も人気が高かったのが早稲田大学だったんですね。先生からご覧になって、当時の留学生にとって早稲田大学の魅力とは何だったと思われますか。

西原　一八八六年に清国から最初の留学生が来日し、世紀が変わるころから急速に増えて一九〇五年が一つのピーク、それから一九一一年の辛亥革命までの期間に非常に多くの留学生が来ました。その中で、早稲田大学はいち早く清国留学生を受け入れる学校の一つとなり、優秀な清国の留学生が学んでいたことから多くの学生が志望するようになり、まさしく人気の的でした。

早稲田大学の前身である東京専門学校、これは一八八二年に設立されましたが、創立者は日本の首相を二度歴任した大隈重信でした。中国人から見ると、あの「対華二一カ条要求」を突き付けた悪者かもしれませんが、実は中国の近代化や日中の学術交流に大変大きな影響力を発揮した人だったのです。

大隈は東西の文化を調和して、お互いの良いところを学び、人類のために尽くすべきだという考えの持ち主でしたので、それが多くの清国の学生を受け入れる素地になったと考えています。

さらに、東京専門学校に青柳篤恒という碩学がいらっしゃったのが大きかったと思います。この方は中国の文化を大変重視していて、日本の大学の中で初めて中国語の科目を設置し、さらに中国研究組織まで設立しました。早稲田大学が当時非常に大きな魅力を持っていたことには、上述した二名が大きく貢献したと考えます。

王　当時の清朝から多くの留学生が日本を目指した理由は何だったのでしょうか。

西原　清朝の末期、国内で政策や政治力が低下したタイミングでアヘン戦争が起こりました。この出来事を見ていた日本の若者が立ち上がってヨーロッパとどのように対峙していくか考え、明治維新を起こし近代国家を作りました。それを知った康有為を始めとする多くの有識者が清朝も明治維新を学び政治制度を改革しようと提言し、光緒帝は戊戌変法を実施しようと試みました。ただ旧勢力のクーデター戊戌政変に遭い、失脚した康有為や梁啓超は日本に亡命してきました。二人を自分の家に匿ったのが東京専門学校の教員だった柏原文太郎でした。もちろんただの教員が亡命者を匿えるわけはなく、背景に当時政府の要職についていた大隈重信の存在が大きかったと思います。

この一連の経緯をきっかけに、日本の明治維新を学ぼうと考える中国人留学生が日本にやってくるようになりました。二人の亡命は結果としてまさしく歴史的快挙だったのですね。つまり当時の中国人にとって日本を目指す大きな魅力は、明治維新の成功にあったと言えると思います。

王　そうだと思いますね。それにあわせて、一九〇五年、中国では科挙試験制度が廃止されました。それと同時に近代教育の転換と展開のモデルケースとして、中国は日本に学ぶ必要が出てきたのです。西原先生が先ほどおっしゃったのは、一九〇五年より以前の第一段階として中国人が日本に留学した背景に焦点をしぼったお話だったと思います。次の第二段階では、どのような人物、物事、そして時代、精神があったのか、留学生増加のピークはいつ頃だったのでしょうか。

西原　私は中国の近代化に日本がかかわった第一段階が一八九八年における康有為等の日本亡命だったと考えていますが、その段階は中国人の「日本留学」という観点から見ると、「留学生時代の前史」という性格を持つのですね。これが第二段階以降になりますと、完全に「留学生時代」になるのです。そのピークは日露戦争が終わる一九〇五年から辛亥革命が成就する一九一一年まででした。

理由としては、清朝政府もさすがに教育制度の改革を考えざるをえなくなり、伝統的な科挙制度も廃止して、積極的に留学生を外国に派遣し、世界の動向を学ばせようというように方針を転換したところにありました。

王　外国留学ということになると、費用の点からも、漢字が共通だという点からも日本が距離的に近い点からも、一番有利だったこともありますね。

西原　その通りです。この方針転換の具体的な形は、まず清朝政府の要望に応えて、清国からの留学生に日本語を教える「宏文学院」が一九〇二年に、近代柔道の創始者として世界的に有名な嘉納治五郎の手によって早稲田大学の近くに設立されたところに表れています。「宏文学院」には優秀な人材が次々と入学し、いっぺんに有名になりました。文学者の魯迅、孫文の左と右の腕と言われた黄興と宋教仁、女性革命家の秋瑾、李大釗と一緒に中国共産党を創立した陳独秀、一九二一年の第一回の共産党代表大会場所に自宅を提供した李書城等、多くの著名人がそこで学びました。

第二の形は、これも清朝政府の要請に基づき、一九〇五年に日本の多くの大学に「清国留学生部」が設置されたことです。中でも早稲田大学は最多の留学生を受け入れ、辛亥革命後の新政権を担う多くの政治家を輩出しました。

ちょうどその時期に来日していた孫文が一九〇五年、今のホテルオークラ本館のあたりで「中国革命同盟会」を発足させました。のちに「革命」という言葉は不穏当だということで、名称を「中国同盟会」に変えたそうです。その「中国同盟会」に孫文を援助するたくさんの留学生がわぁっと集まるわけですよね。清朝は生き延びるために日本に留学生を送ったのですが、その留学生たちが清朝を倒す運動の中心になったというのですから、これは皮肉としか言いようがありませんね。しかしそれは歴史的に必然だったと思います。

王　ご紹介のように、多くののちの著名人が早稲田大学に留学されていましたが、周恩来元総理が早稲田に留学されなかったのはなぜでしょうか？

西原　私は後に述べるように、李大釗や周恩来など中国共産党に直接かかわる人材の日本留学は、日本が中国の近代化にかかわる第三段階で、留学生時代の第二期と見たらよいと考えています。

周恩来は当時早稲田の近くには何度も来ておられたようです。早稲田鶴巻町付近には、チャイナタウンができるくらいたくさんの中国人留学生が住んでおり、その中に天津出身者の施設「新中学会」があり、週一回会合を開いていました。それに周恩来はたびたび参加したようでしたが、早稲田には入学しませんでした。その理由には、恐らく、国立大学志望だったこともあったと思いますが、何といっても来日したのが一九一七年だったことが大きいと思われます。つまり「対華二一カ条要求」を出した大隈重信が作った大学には入りたくないと思っていたのではないかと推測しています。

王　早稲田大学に留学されていた中国共産党の創立者、李大釗のお話をお聞かせいただけますか。

西原　李大釗は明確に社会科学、社会経済学を学ぼうと決意して一九一四年に早稲田大学の政治経済学部に正規入学しました。半年は大変熱心に勉強したようですが、一九一五年に早稲田大学の創立者である大隈重信が総理を勤める日本政府が「対華二一カ条要求」を行ったので、その反対運動のリーダーとして学内外で活動しました。結果的に、一九一六年に長期欠席除籍処分になり帰国。その後は北京大学教授として図書館長を兼任し、北京大学の若手を集めてひそかに読書会を行っていました。その中に当時北京大学で図書館の司書か何かをやっていた毛沢東もいたのです。そこから先はみなさんご存知の通り、中国共産党の創立に携わりました。

李大釗がマルキシズムに興味を持つようになったのは、ちょうど日本から帰国した翌年の一九一七年にロシア革命が起こり、それを知るようになってからのようでした。確かに早稲田大学留学当時、安部磯雄教授から社会主義を学んだと言われています。しかし安部磯雄は同志社大学出身でキリスト教系の思想の持ち主であり、いわば人道的社会主義者で、マルキストではありませんでした。

このようにして、李大釗は帰国後ロシア革命を経て共産主義者になったと見られるのですが、その思想の変遷の源流にはやはり安部磯雄の思想が横たわっていたと見られているようですね。私は北京の西方にある「北京市万安公墓」の中にある李大釗のお墓にお詣りし、背後にある記念館を参観したのですが、そこには大隈講堂の写真とともに安部磯雄の大きな写真が掲げられており、早稲田大学留学中に読んだと言われるたくさんの本の表紙がまとめて額に入れて飾られていました。

李大釗は早稲田で学んでいた時はよく図書館で勉強していたそうです。実を言いますと、当時大隈講堂はまだありませんでした。大隈講堂ができあがったのは一九二七年、まさに李大釗が処刑された年でした。私は、大隈講堂には李大釗の霊が宿っていると思っているんですね。そんな講堂は、大隈講堂以外、世界中どこにも見当たりません。そのような経緯から、江沢民、胡錦濤両国家主席のように中国の首脳が来日した際は必ず大隈講堂で演説をされています。

王　李大釗のお話をありがとうございます。李大釗は「対華二一カ条要求」の反対運動で授業に出る暇がなくて結局一九一六年の二月二日付で除籍という処分を受けて、五月に帰国しました。もしそのとき総長を務められたのが西原先生だったら、李大釗をどう処遇したいと思いますか。

西原　どう処遇したか。私が総長でも授業料未納なら除籍にせざるを得なかったでしょうね。

ただ私の総長時代に李大釗が生きていらしたら、私は名誉博士を差し上げたでしょうね。中途退学したし、創立者の批判はしたけれども、早稲田で学んだ学術を背景として中国の民衆のために大活躍されたのですから。しかし同時に、もしご存命ならば、「これからの世界、その中の中国と日本はどうあるべきか」について、共産党の創立者としてどのような御意見をお持ちか、ぜひお伺いしたいですね。

王　李大釗に博士号が与えられなかったのは西原先生が李大釗と同時代におられなかったからで残念でもありますが、歴史という「天命」は、いかんともしがたいですね。ところで、西原先生はご在任中にLT貿易覚書を取決めた立役者である廖承志に、名誉博士を授けられましたね。その思いをお聞かせ願えますでしょうか。

西原　廖承志は日本生まれ、日本育ちです。父親の廖仲愷は孫文の片腕と言われた人で、辛亥革命後広州で射殺されました。父親の廖仲愷が早稲田大学で学ぼうとしていた過去があったことから、息子も早稲田を重視し、一九二七年に早稲田大学の第一高等学院（高等学校）に入りました。しかし父親とまったく同じように在学中政治活動をしたことから国外追放処分を受け、帰国することになりました。

帰国後は共産党に所属して戦場でも大活躍したのですが、彼の場合、特に戦後における日中関係の推進という点で、余人の追随を許さぬほどの功績を挙げています。当時中国の世論は日本に対し大変厳しかったにもかかわらず、日本との間の国交を出来るだけ早く回復しなければならないと考え、早稲田出身の日本の政治家と連携をとり、ＬＴ貿易を実現させ、これが国交回復につながっていきました。一九六二年には「中日友好協会」の会長に任ぜられています。

そこから時が経ち一九八二年、早稲田大学では創立一〇〇周年を記念して名誉博士号を各国の学者に贈呈することになり、理事会の中で私が廖承志を推薦したところ採択されました。授与式にも参加される予定でしたが、急遽来日できなくなり、代理として息子さんと、後に中日友好協会の会長を勤められた孫平化が授賞式に来られました。

王　廖承志に名誉博士号を授けられたということは、西原先生の在任中の大きな功績の一つであり、同時にそれが先生の志の象徴とも考えられます。最後に、早稲田大学の中国に於ける役割について、ご自身のお考えをお聞かせ願えるでしょうか。

西原　中国と日本との間にはいろいろむずかしい問題はあるけれども、「どんな時でも」中国としっかり連携しながら共にアジアと世界の平和的発展に貢献するのが早稲田大学の役割だということを最近改めて痛感しています。早稲田大学は中国の発展のために命を捧げた多数の人材を輩出しました。孫文を援けた宋教仁、黄興、廖仲愷、共産党創立者の李大釗、日中国交回復の立役者廖承志等、数え上げればきりがありません。そういう先人たちの霊の見守る活動をする、これが早稲田大学なのです。

王　日中関係の側面はもちろん、廖承志に象徴されるような民間交流、民間外交といった役割を果たし、中国の外交史におけるパブリックディプロマシーの重要な輝かしい事例としても、早稲田の名前は語られています。そういう他に例を見ない歴史と伝統を持っているのが早稲田の特色ですね。

西原　外交は本来それぞれの国の政府がやることなんですね。ところが国には面子とか体面とか建前とかがあって、心と心の通ったお付き合いがなかなかできないものなんですよ。それができるのは、民間なんですね。特に国と国との間がややこしくなったとき、民間交流として活躍できるのは、長い歴史の中で中国から存在を認められている早稲田大学なのですね。そういう早稲田の人間として、これからも中国との間を取り持つ民間活動に尽力したいと考えています。

王　西原先生が見事にまとめてくださいました。日中の教育という角度からみて、互いに協力し合う関係が両国が共通して求める国家全体の平和発展にいかに大きく貢献したかということとを早稲田大学が身を以て示してくれたわけですね。素晴らしいお話を聞かせていただき、本当にありがとうございました。

西原春夫（にしはら・はるお）

一九二八年東京生まれ。早稲田大学法学部、大学院法学研究科で法律学を学び、同大学教授、法学部長、総長（一九八二－一九九〇）を歴任。刑法学の権威として日本の法学界で活躍するだけではなく、世界各国でも刑法学者、教育家として高い評価を受け、各国大学から名誉博士、名誉教授などの学位・称号を授与されている。二〇〇五年に特定非営利活動法人（現在は一般財団法人）アジア平和貢献センター理事長に就任。

第四章　日中の運命共同体――
桜美林大学創立者、清水安三と李大釗たちの血涙

畑山浩昭（桜美林大学学長）×王敏

二〇二一年に創立一〇〇周年を迎えた桜美林学園。そのルーツは約一〇〇年前の中国北京に遡る。一九一七年、創始者・清水安三が若き日の願いでもあったキリスト教の宣教師として中国に派遣されたのがその始まりだった。同大学学長の畑山浩昭氏と著者の対談から清水安三と中国との交流の物語を紐解く。

王　桜美林学園は二〇二一年、一〇〇周年を迎えますが、まずは大学の現状や関連する事業についていて教えていただけますか。

畑山　桜美林大学はもともと小規模かつアットホームな教養を中心とした大学でした。しかし今は学生が一万人程度、教職員が常勤と非常勤合わせて二〇〇〇人近くいるため、顔の見え

る教育を行うのが難しくなったのですが、それを打破するために専攻ごとにキャンパスを複数展開していく方針を取っています。

現在大学院は千駄ヶ谷キャンパスが本拠地となり、新宿に経営学、本町田に芸術、多摩に航空産業、パイロットや空港マネージメント、整備、管制官養成、そして町田に健康科学、スポーツ、リベラルアーツ、コミュニケーションを学ぶといった具合に複数のカレッジがあります。複数の小さいコミュニティで教育研究を行うことを基本にしながらも、比較的規模の大きい大学として今回の一〇〇周年を迎えます。その結果、THE 世界大学ランキング日本版では七五〇近くある大学の中で国際性三八位という高評価を獲得しています。

王　畑山学長のご指導のもとで、二〇二一年から学位プログラム制度が導入されました。これは私立大学では初めてですね。具体的にご紹介いただけますか？

畑山　日本の大学の学部は、分かりやすく言うと文学部の英語英文学科や経済学部の経済学科など、縦構造の課程を基本としています。大学院も専門性が高いので、この中でも人文系、社会系、自然科学系の縦構造があって、そこの一番深い学びをするというのが通例でした。しかし、最近では世の中が変わり、ハイブリッドや学際統合などいくつかの分野を組み合わせながら物事を解決したり、取り組んでいくといった複合的な姿勢が求められています。

そのため、今回大学院を改組するときに、人文科学系、社会科学系、自然科学系等、それらのエッセンスを組み合わせて学位のプログラムを立てる発想をしました。この学位プログラム制では、例えば、経済学を専攻する学生が社会学や異文化、環境学などを勉強することによって、自分の学びを強くして問題に対応する力をつけることが可能になります。最初に国立の筑波大学が学位プログラム制を導入したときに私たちも学位プログラムの準備をしており、今回の立ち上げに至りました。コロナの影響によって設置のプロセスが遅れたので、実際は来年、再来年くらいから本格稼働する予定です。

王　国立大学では筑波大学が最初、私立大学では桜美林大学が最初で、まさに一〇〇周年を記念するのにふさわしいプログラムになりますね。日本の教育界においても斬新な開拓になると思います。今後の発展から目を離さず、期待しております。続きまして、桜美林大学創立者の清水安三先生と中国とのご縁についてお聞かせいただけますか。

畑山　清水先生は最初牧師として中国に渡り、宣教活動を行っていました。中国で児童館や子女のための学校を作る中で、中国語の学習はもちろん、日中関係に関してもも学ばれていました。また、日本から著名な方々が訪中した際、清水先生は通訳兼コーディネーターとして日中双方の人脈を築いていました。

清水先生は北京大学の学長をしていた蔡元培や陳独秀、李大釗、魯迅等とずいぶん交流があったらしく、魯迅との交流は『人民日報』にも書かれたそうです。私が調べた本によると、清水先生は日本では渋沢栄一先生のような著名な方からも可愛がられており、中国で学校を作るための資金や、アメリカへの留学費用を支援してもらったそうです。今考えるとすごいなと思いますね。

王　一九二一年、北京で崇貞学園を開校された時に、初代理事長を南開中学の創設者の張伯苓先生にお願いしたとうかがいました。実は周恩来が南開中学の卒業生でした。その後一九一七年の秋から一九一九年の春まで、日本で勉強しました。在学中、張伯苓先生は無論、高く評価されていたので、南開中学の最初の特待生になったのです。そして一九一九年、南開大学の第一期生となり、日本から帰国しました。

畑山　そうですね。周恩来とも深くつながっていました。というのも、清水先生はとても魅力的で、すごく情熱のある方でした。自分はこういうことをやりたいとか、子どもたちの助けになりたいとか、こうやって日本と中国の架け橋になりたいなどと考えて行動されていました。中国の現実を日本の方にもわかってもらいたいという情熱に感銘を受けて、多くの人々が清水先生を助けたのですね。そういうことがずっと続いていました。「頭よりも心」ですね。私も頭は良くないですが（笑）、気持ちで頑張るタイプです。中国が日本に対してそんなに良い印象を持っていなかった時代に北京で交流されて、苦労されたと思います。しかし、清水先生が作った北京陳経綸中学では、感謝と尊敬の念を持って建立された先生の銅像が今でも校内に立っています。

王　清水先生は中国の人々にずっと愛され、尊敬されていますね。清水先生の伝記の中にも書かれていますが、キリスト教関係の方々に社会主義に共鳴し、共感するようになって社会主義者になる方が多いのはなぜでしょうか？

畑山　一人一人を大事にし、多様性を受け入れ、他者が望むことを自分たちが率先して行うというキリスト教本来の考え方が様々な主義にも適合して、共鳴を呼んだのだと思います。キリスト教社会運動家で有名な賀川豊彦先生もこのような活動をされていた方なので、日本社会の新しい在り方などを中国共産党の方々と一緒に議論されていました。お互いの考える理想的な社会に関する議論があり、そこでキリスト教の考え方と相通じるものがあったのではないかと思います。私はそこは専門ではないので、教養的な書物でしかわからないのですが。

王　桜美林学園で発行された『石ころの生涯』という伝記によれば、清水先生と李大釗は生死を共にするほど深い親交があったようですね。その辺りのエピソードについて、教えていただけますか。

畑山　清水先生から直接話をうかがったことはないですが、先生の著作には何度も李大釗さんの名前が挙がっていたので、二人がどういう経緯で知り合っていたのかに興味がありました。

李大釗さんが北京にいらっしゃった時に、日本共産党の指導者の一人が亡命したそうです。その人を助けるために李大釗さんが手伝って、ロシアに亡命させることができたそうです。あの時代にそのようなことをするのは命懸けで、仕事でもなければ義務責任でもなかったそうです。李大釗さんが日本留学中に清水先生と交流されたときに、お二人の精神が一致したのではないかと思います。

また、李大釗さんは日本に留学して、清水先生は中国に行かれました。お互いの国に留学したからこそようやく相手国の文化や考え方、人間性を理解することができ、そうして初めて「両国のために何をするべきか」という考えが出てきたのだと思います。

高い志を持った方々の交流だからこそ社会の原動力として動き出したということがあると思います。同じことは清水先生がアメリカのオベリンカレッジに留学したときにも起こりました。そこでカレッジの人たちと交流することによって、アメリカに対する考え方が大きく変わったのです。

最初は反感を持っていましたが、実際現地に行き、現地の人々と膝を突き合わせて話し、一緒に生活をする中で相手の考え方がだんだん分かってきて、お互いの理解が始まったのだと思います。

だからアメリカに留学している間に、李大釗さんが清水先生にアメリカの社会主義運動関係の資料を集めてほしいと頼んだとき、清水先生は自腹を切ってまで協力しました。すべての人間、そして明るい未来に向けて努力している者に対しては無条件に支持するというのが清水先生の考え方ですね。無条件というのは今の言葉で言うと「ボランタリー」というところだと思いますが、お金が無くなったら教会に行って日本論や中国論などの講演をしてお金を集める、そういう力強さが清水先生にはありました。私たちには真似できないことです。本当に力強く、頼もしい人ですよ。

後々わかったことですが、清水先生がアメリカから帰国されて、南京で李大釗さんが死亡されたという訃報を聞き、北京に戻り悲しんだという文章を拝見しました。

王　実は李大釗さんが逮捕された時に、ご長男はまだ中学生でした。たまたま知人のお家に遊びに行っていたため命が助かったそうです。そこで李大釗さんの友人で北京大学の教授たちが息子さんを匿い、東京高等師範学校の予科に入学させました。一九二八年から一九三一年のことでした。息子さんの本名は李葆華といいますが、留学時に「楊震」というペンネームを使いました。国会図書館のネットからも「楊震」という名前が載った名簿を調べることができます。建国後、李葆華さんは中国人民銀行のトップにつき、働いていました。

このことに関連してご意見をぜひともお聞きしたいです。過去に清水先生は李大釗さんに頼み、日本共産党の佐野学をソ連に亡命させました。当時の状況から見れば、極めて危険な行動でした。それだけ清水先生が李大釗さんと信頼関係を結んでいたことがうかがえます。もしかすると、李大釗さんの息子さんの日本留学にも、清水先生が東京高等師範学校の入学の世話をしたのではないかと推察いたします。或いは何らかの形で協力・支援をされたのかもしれないと思いたいです。その点はどのように思われますか。

畑山　清水先生は李大釗さんの家を二〇回以上訪ね、二人でお茶を飲みながら交流を重ねたそうです。調べてみると李大釗さんの息子さんが日本でどのように東京高等師範学校に入られたのか、何も資料がありません。あの時代においては李大釗さんの息子さんの命を助けることが第一だったので清水先生は公にできず、それで記録には残さないと考えたかもしれませんね。

清水先生が中国で成し遂げられた貢献の実績と李大釗さんとの交流の延長で、現在も桜美林大学と北京大学の研究・教育交流が行われています。定期的に議論すべきテーマを設定し、お互いの研究者が発表し合い、親交を深めるという目的で行っています。そして一定期間で書籍にまとめて発行しております。毎年行われている活動ではないのですが、十数年以上の交流をまとめた本を三冊発行しております。

王　桜美林大学には中国語教育や中国文学等、中国関係の科目が揃っており、東京では最初に孔子学院を設置しました。北京大学との研究・教育交流も、中国関係の教育を重視されることも、清水先生と李大釗さんの友情から始まった延長線上にあると考えてよろしいでしょうか。

畑山　それは延長線上にあることと考えて良いと思います。大学の初期はとにかく語学が重要と考え、中国語、英語のみならず、世界各国の外国語のコースを開設しました。なぜならば外国語を身につけることがお互いの理解につながり、お互いの理解が深まってくれば、戦争をしないで平和を実現できるからです。

特に日本の場合は近隣諸国の朝鮮半島から中国大陸、さらにロシアから北米アメリカ、オセアニアと多くの国との関係を保っていますが、すべては言語を習得することから始まります。それを続けていくにあたり、相手国の歴史、文化、経済、社会、宗教を学ぶ必要があります。その中で、孔子学院が支えてくれています。孔子学院は定期的に中国語専門の先生を送っていただけるし、本学と同済大学との交流を孔子学院が支えてくれています。同済大学とは研究交流も進んでいるので、一年間の研究派遣も行っています。同済大学との交流は日本語・中国語ができなくても英語でできるので、孔子学院の力を借りながら本学の本物の語学教育を進めていこうと考えています。

王　御高名な中国文学者の石川忠久先生、政治学の高原明生先生、魯迅研究第一人者の藤井省三先生等、いずれも日本を代表する方々が母校である桜美林大学で教鞭を執られていたのですね。

畑山　それも清水先生が敷かれたレールのおかげでしょう。清水先生がいたからこそ、桜美林大学を誇りにし、教育と研究に捧げたいと思う先生方が桜美林に来てくれて、中国語、中国文学を教えてくれたわけですね。

また、本学では三二名の名誉博士がいますが、その中で中国出身の博士はアメリカと同様八名もいます。東洋と西洋を繋ぐブリッジになるというのが清水先生のミッションでしたので、清水先生がきっちりとアメリカと中国、日本を結ぶ役割を担われたように、アメリカ、中国との関係性の中でしっかりと日本という国を位置付けることが大切です。

王　畑山学長は清水先生から直接教えを受けた方ですから、清水先生の思い出話を教えていただけますか。

畑山　清水先生が最後に教鞭を執っていた頃、私たちは学生でした。清水先生はよくチャペルで講義をするのですが、牧師の目線からの話なので、われわれはいかにして生きるべきか、何を持って頑張っていくのか等の話をよく聴きました。『聖書』だけの話にとどまらず、私たち学生の感覚にまで降りてきて、そこから頑張っていけるような話をされました。

先生は非常に心が壮大で寛容で、且つ厳しい人でした。寛容だけど基準を高く持っており、厳しかったです。その一方で楽観主義で、苦しくても悲しくても希望を持って前を向く話をされる非常に柔軟な人でした。考え方が柔らかく、多様性を受け入れる先生でした。そして、清水先生は本当に諦めない人でしたので、これは桜美林の伝統的な人間教育の価値観として も残っています。このことは清水先生の本にもたくさん書かれています。卒業式の時に一緒に腕を組んで写真を撮ったのも良い思い出です。

王　桜美林大学の学生は今では一万人以上となりました。将来が楽しみですね。次の一〇〇周年に向けてどのように活動されていく予定でしょうか。

畑山　学生の人数は今後どうなるかわからないですが、今までの桜美林の歩みと積み重ねをちゃんと理解した上で、次の一〇〇年のやるべきことを決めていく、続けていくということです。

桜美林大学の町田キャンパスは都心から通うのは少し遠いですが、今は都心にも二つキャンパスがあります。本部の町田キャンパスは環境が良く、誘惑が少ないので、勉強するにはうってつけの環境です。ここは賀川豊彦先生が清水先生に紹介した場所です。建物を建てたときは、近くの教会にサレンバーガーさんという人がいて、その人が清水先生の熱い思いを聞いてお金を寄附してくれました。だから清水先生の周りでは本当に色々なところで奇跡が起こるんですよ。

清水先生はとてもユニークな人で、「何か人の助けになるのでは」とか、「こういうことをすれば喜ぶ人がいるのでは」というふうに思ったらすぐ行動に移して、成功するまで努力する人でした。一〇〇周年のコンセプトとして「ユニーク&シャープ」というものを作りました。ユニークな取り組みを、突出して通用させるためのシャープ。ユニークな取り組みを通用するまで仕上げるという考え方から、ユニーク&シャープというコンセプトで、次の一〇〇周年もチャレンジしていきます。

そして、新しい時代に向けた教育研究を展開していこうと考えています。われわれは今頑張っていますが、次の世代に繋いでいかないといけません。ですので、自分たちが頑張りながら若い学生たちに、今ここで働いている若い人たちに少しずつバトンタッチしながら進んでいきたいと思います。

王　期待しております。本日はありがとうございました。

畑山浩昭（はたやま・ひろあき）

一九六二年、鹿児島生まれ。桜美林大学文学部卒業（B.A.）。ノースカロライナ大学シャーロット校大学院修士課程修了（M.A）。ノースカロライナ大学グリーンズボロ校大学院博士課程修了（Ph.D.）。マサチューセッツ工科大学大学院修士課程修了（M.B.A.）。二〇〇六年に桜美林大学教授となり、その後、学長補佐、基盤教育院長、国際センター長、副学長の役職を歴任。二〇一八年に第五代学長に就任。専門はレトリック学。

主な参考文献（本文中で示した文献は省略）

1　「宏文学院における中国人留学生教育――清末期留日教育の一端――」（学習院大学大学院 蔭山雅博著、https://www.jstage.jst.go.jp/article/kyouikushigaku/23/0/23_KJ00009273211/_pdf/-char/ja）
2　『文明互鑑論』（滕文生著、人民出版社、二〇一九）
3　『帝都東京を中国革命で歩く』（譚璐美著、白水社、二〇一六）
4　『未来にかける橋――早稲田大学と中国』（安藤彦太郎著、成文堂選書、二〇〇二）
5　『周恩来たちの日本留学』（王敏著、三和書籍、二〇一五）
6　『嵐山の周恩来』（王敏著、三和書籍、二〇一九）
7　『松本亀次郎の生涯――周恩来・魯迅の師』（武田勝彦著、早稲田大学出版部、一九九五）
8　「第一回党大会出席者と日本」（王敏文、『人民中国』二〇二一年第六号）
9　西原春夫氏と王敏の対談「早稲田大学が輩出した、中国近代化を導いた偉人たち」（『和華』二〇二一年第三〇号、本書第一部第二章に再録）
10　『拓殖大学創立一〇〇周年記念史Ⅰ・Ⅱ・Ⅲ』（拓殖大学創立百年史編纂室、二〇一六年‐二〇一八）
11　「嘉納治五郎と孔子祭典復活――一〇〇年後に蘇った祭典の空間」展示広告（開催期間：二〇一〇年一一月一六日‐二〇一一年一月一六日　会場：筑波大学 大学会館内アートスペース）

第一部注

1　陳独秀（一八七九－一九四二）中国の革命家・ジャーナリスト。東京の成城学校（現、成城中学・高等学校）に留学、帰国後『新青年』を創刊。その過激な主張は知識人の広い共感を得た。中国共産党創立メンバーだが後にトロツキストに転向し、除名された。

2　楊昌済（一八七一－一九二〇）中国の哲学者・教育者。一九〇三年、日本に留学し、宏文学院で学ぶ。その後東京高等師範学校を卒業。楊開慧の父。

3　魯迅（一八八一－一九三六）中国の小説家、翻訳家、思想家。一九〇二年、国費留学生として日本に留学。医学を専攻したが、西洋の文学や哲学にも心惹かれた。代表的な作品として『狂人日記』『故郷』『阿Q伝』などがある。

4　黄興（一八七四－一九一六）中国の革命家。一九〇二年、湖北省の留学生として渡日、宏文学院に入学したが、翌年帰国して革命運動に参加。孫文とともに「民国革命の双璧」と称され、また孫文・章炳麟と共に「革命三尊」と称される。

5　楊度（一八七五－一九三一）中国の政治家・学者。一九〇二年、日本に留学し、宏文学院で学ぶ。清朝政府で官僚や閣僚を務め、辛亥革命後は袁世凱の腹心筆頭格に数えられ、中国国民党・中国共産党員にもなった。

6　秋瑾（一八七五－一九〇七）清朝末期の女性革命家、詩人。原名、閨瑾（けいきん）。日本留学時（一九〇四年）に「閨」を削って「瑾」とした。清軍に逮捕され処刑された。遺句「秋風秋雨、人を愁殺す」はその後、多くの人に歌われた。

7　田漢（一八九八－一九六八）中国の劇作家、詩人。一九一七年に日本に留学、東京高等師範学校に学ぶ。中華人民共和国の国歌『義勇軍進行曲』の作詞者として知られる。
8　張之洞（一八三七－一九〇九）清朝末期の政治家。洋務派官僚として重要な役割を果たした。曽国藩・李鴻章・左宗棠とならんで「四大名臣」とも称される。
9　李書城（一八八二－一九六五）中国の軍人・政治家。日本に官費留学し、黄興、魯迅と共に宏文学院で学ぶ。東京で孫文と出会い、辛亥革命に参加。国民党政府、中華人民共和国両政府で要職を務めた。
10　楊開慧（一九〇一－一九三〇）中国の革命家。中国共産党員。毛沢東の2番目の妻であった。地下工作従事中、国民党軍に捕えられ銃殺された。
11　銭学森（一九一一－二〇〇九）中国の科学者。渡米してＭＩＴなどで学び、ミサイル、ロケットなどの開発に従事。世界初の原子爆弾開発にも参加。その後中国に戻り、核ミサイル及び宇宙開発に貢献。中国宇宙開発の父と言われる。
12　銭家治（一八八〇－一九六九）中国の教育者。魯迅らとともに日本に留学し、東京高等師範学校卒業。帰国して孫文らの革命運動に身を投じた。辛亥革命後、中学校校長や浙江省教育長などを歴任した。
13　張印通（一八九七－一九六九）中国の教育者。公費で日本に留学し、東京高等師範学校卒業。日本留学中に「教育で国を救いたい」という志を抱いた。
14　張香山（一九一四－二〇〇九）中国の外交官、政治家。日中国交正常化では中華人民共和国外交部顧問として日本側と交渉した。日中友好21世紀委員会の中国側座長、中日友好協会顧問などの要職を歴任した。
15　桂太郎（一八四八－一九一三）陸軍軍人、政治家。第11・13・15代内閣総理大臣。
16　新渡戸稲造（一八六二－一九三三）教育者・思想家。農業経済学・農学研究者。国際連盟事務次長も務めた。英文の著書『武士道』はロングセラー。

17 後藤新平（一八五七－一九二九）官僚・政治家。台湾総督府民政長官。南満州鉄道（満鉄）初代総裁。逓信大臣、内務大臣、外務大臣、東京市長などを歴任。関東大震災後の東京復興にも従事した。

18 中曽根康弘（一九一八－二〇一九）政治家。第71・72・73代内閣総理大臣。

19 小村寿太郎（一八五五－一九一一）外交官、政治家。イギリス・アメリカ・ロシア・清国・朝鮮（韓国）の公使・大使を務め、二度の外相時代に日英同盟締結、ポーツマス条約締結などの業績を残した。

20 幸徳秋水（一八七一－一九一一）ジャーナリスト、思想家。無政府主義者。大逆事件（一九一〇）に連座し、処刑された。

21 堺利彦（一八七一－一九三三）著述家、小説家、思想家、社会主義者。

22 陳望道（一八九一－一九七七）中国の言語学者、修辞学者、教育者。一九一五年に日本に留学、早稲田大学、東洋大学、中央大学で学ぶ。早い時期からの中国共産党員で、「共産党宣言」の中国語への翻訳者として知られる。

23 高畠素之（一八八六－一九二八）社会思想家。マルクス『資本論』の全訳を行い、社会主義者として活動したが、のち「国家社会主義」を唱えた。

24 河上肇（一八七九－一九四六）経済学者。京都帝国大学でマルクス経済学の研究を行っていたが、教授の職を辞し、共産主義運動に参加。日本共産党の党員となったため検挙され、獄中生活を送る。マルクス『資本論』の翻訳のほか、ベストセラー『貧乏物語』などの著書がある。

25 石川啄木（一八八六－一九一二）歌人、詩人。大逆事件に疑問を抱き、社会主義に接近した。

26 郁達夫（一八九六－一九四五）中国の小説家、文章家、詩人。一九一三年、日本に留学。一九二二年、東京帝国大

学経済学部卒業。抗日活動で日本軍に追われ、東南アジアを転々とする。一九四五年、日本降伏後のある夜失踪して行方不明となった。

27　張瀾（一八七二－一九五五）中国の政治家。日本に留学後、四川省長・成都師範大学校長を歴任。一九四四年、中国民主同盟主席。中華人民共和国成立後は人民政府副主席に就任。

28　林伯渠（一八八二－一九六〇）中国の政治家。東京高等師範学校に留学中、中国同盟会に加入。帰国後、辛亥革命に参加。中国共産党創立に参加。中華人民共和国成立後、共産党政治局員、人民代表大会常務委員会副委員長などを歴任した。

29　朱剣凡（一八八三－一九三二）中国の教育者、官僚、政治家。一九〇二年に日本に渡り、宏文学院に入学。一九〇四年に帰国し、辛亥革命に参加。後に中国共産党の地下党に参加したが病死。

30　陳寅恪（一八九〇－一九六九）中国の歴史学者、中国文学研究者、中国語学者。一九〇二年に日本に渡り、宏文学院に入学。一九〇五年に帰国後、ドイツ、スイス、フランス、アメリカで学ぶ。一九二五年に帰国後は清華大学教授などを歴任。

31　蔡鍔（一八八二－一九一六）清末民初の軍人。日本に留学し、成城学校と陸軍士官学校で軍事学を学ぶ。中華民国初代雲南都督。袁世凱による帝制実施を阻止するため、護国戦争を発動した。結核に冒され日本で療養、福岡で客死。

32　呉玉章（一八七八－一九六六）中国の政治家、教育家。一九〇三年に日本に留学、成城学校在学中に中国同盟会に参加、帰国後、北京に留法倹学予備学校を創設し、周恩来ら多くの留学生をフランスに送り出した。中国共産党に入党。中国人民大学初代学長として中国教育界をリードした。中国の文字改革を主導し、漢字の簡体字化とローマ字化を推進した。

33 蒋介石（一八八七－一九七五）中国の政治家。中華民国総統。孫文の後継者として北伐を完遂し、中華民国の統一を果たした。国共内戦で中国共産党に敗れて一九四九年に台湾へ移り、一九七五年に死去するまで同国の国家元首の地位にあった。

34 何応欽（一八九〇－一九八七）中華民国の軍人。東京振武学校第11期、日本陸軍士官学校28期卒業。孫文配下となり、国民革命軍創設に貢献。孫文死後は蒋介石を支えた。戦後は国防部長や行政院長も務めたが中国人民解放軍に敗北し、台湾に逃れた。

35 楊宇霆（一八八六－一九二九）清末民初の軍人。日本に留学し、陸軍士官学校砲兵科を卒業。中華民国成立後、要職を歴任。一九二八年、張作霖が関東軍に爆殺された後、張学良との権力争いに敗れ、銃殺された。

第二部　古都・嵐山に息づく漢風・周恩来が見つけた日本

第一章　周恩来の留学生活

私はある日本人母子に会ったことを思い出す。そのお母さんはご主人と一緒にテレビで周恩来の姿を見て、彼の日中の平和と友好への貢献に深く感動し、その場で生まれてくる子どもに「周」という名前をつけることを決めたことを話してくれた。

周恩来が日本で広く尊敬されている理由は、両国の和平発展に並々ならぬ尽力を果たしただけではなく、彼の人格によるところもある。

たとえば、田中角栄氏の中国訪問時には、「ご迷惑をおかけした」という言い回しに対して、両国の価値観の違いを正しく理解した上で、自分自身の正義をもって向き合った。

当時、日本の首相だった田中角栄氏は、周恩来主催の招宴にて、近現代の中国に対して日本が行ってきたことについて「多大なるご迷惑をおかけした」と謝罪を述べた。しかし、この言葉が「多大なる面倒をおかけした」と翻訳されると、周恩来はただちに厳重注意をした。「中国侵攻の凶行は〝面倒〟の一言では到底片付けられない」と。

その後、両国間で何度も協議が重ねられ、一九七二年の日中共同声明では最終的に「日本側は、過去において日本国が戦争を通じて中国国民に重大な損害を与えたことについての責任を痛感し、深く反省する」と変更されていた。

また、中国外交部アジア支部元職員の江培柱氏も周恩来の人柄について思い出を語っている。一九七二年、日中友好各団体が合同で開催した日中国交正常化記念パーティーの最後に、周恩来がテーブルの上の生菊を、日中文化交流協会代表団の高峰三枝子さんと杉村春子さんに贈ることを提案したのである。彼女たちのたゆまぬ日中友好への献身を評し、末永く友好の花が咲き続けることを祈った贈り物である。彼女たちは深く感動し、何度も感謝を述べ、周総理の思いやりと期待に必ず応えると言ったときいた。

贈られた想いを保存するため、彼女たちは帰国後、写真をもとにフラワーアレンジメントを作り、これを形に残る記念とした。その後も、二人は忘れられないこの思い出を何度も人に語り、元旦や中国大使館のイベントに参加する際は必ず菊の花束を持っていったという。

高峰三枝子さんが後に語ったところによると、当時、杉村春子さんが出演したテレビ番組『碑』（広島テレビ・一九六九）が原爆被害に触れたことを知ると、周恩来は強く心を動かされた。また、杉村春子さんが広島の出身であることを知ると、「あのような悲劇を二度と繰り返してはならない」と何度も強く語った。

周恩来の死後、二人は菊のフラワーアレンジメントで心からの弔意を表す。また、彼女たちは当時の『日中友好交流』という雑誌の周恩来追悼特集に「菊の追悼」というタイトルで文章を寄せていた。その中で周恩来を「歴史の歯車を前に推し進めた人であり、人々の幸福を耕す庭師でもあった」と称えていた。

二人の女性も世を去ってしまった今、彼女たちの弟子たちが周恩来の命日に、銅像へ菊を捧げている。半世紀も前の想いが今も受け継がれているのである。

周恩来を「日中友好の井戸掘り人」と読んだ岡崎嘉平太[1]元全日空社長は、周恩来が生涯で最も数多く顔を合わせた日本の友人であった。息子・岡崎淋氏は「父は周恩来をとても尊敬しており、〝聖人〟のように思っていた」と語っている。また、嘉平太氏の死後、彼の妻は子どもたちに「お父さんは九二歳まで生きて、ようやく周総理のもとへ行けるのです。ただただ嬉しくて、何も悲しいことはありませんよ」と言い聞かせたという。さらに、嘉平太氏がずっと周恩来の写真を肌身離さず持っていたことから、棺の中にも写真を納め、その亡骸を送り出した。

岡崎嘉平太氏もまた、戦後に一〇〇回も中国を訪問し、日中友好に大きな貢献をしている。

その功績を評して、彼の故郷である岡山県には岡崎嘉平太記念館が設立されている。周恩来がこんなにも異国民の心をつかめたのは、なぜだろう。

私は、周恩来自身の文化的教養と、若年期の日本留学によって、あらゆる角度から日本を観察し、理解したことに理由があると考える。

本章では、一九一七年九月から一九一九年四月までの周恩来の日本留学を一つの時期として取り上げ、特に京都、嵐山などでフィールドワークすることで、青年時代の周恩来が日本とその国民に心からの理解と信頼を抱くようになった精神遍歴を明らかにし、彼の信念の核心的な基盤を探る。

留学前の日本知識

当時の中国人、特に革命を志す人々にとって、日本の明治維新は近代史における革命と改革の成功例であり、一九一一年の辛亥革命にも大きな影響を与えていた。しかし、一九一五年五月、日本が強行した「対華二十一カ条要求」は中国国民の怒りを買い、さらに強い視線が日本に向いてしまった。当時まだ中学生だった周恩来は、こうして日本の二面性を知ることとなった。

この他に次に挙げる五つの交流も、周恩来の日本観に影響を与えていた。

黄花崗七十二烈士の陵墓

一つ目として、伯父さんの龔蔭蓀からの影響である。周恩来が一〇歳のとき、祖父母と実母、そして養母までもが他界したため、伯父の私塾に身を寄せることになった。龔蔭蓀は同盟会のメンバーで、よく日本に赴いており、これがおそらく周恩来が日本に目を向け始めたきっかけのひとつである。

一九五二年、首相在任中に周恩来は「伯父が私の政治的啓蒙の師だった」と回想している。また、当時の日本への留学生と辛亥革命の関係性は深く、黄花崗起義[2]に参加した七二名の烈士のうち七名に日本留学経験があった。武昌蜂起[3]はさらに多く、四〇名の殉職者のうち、三一名が日本留学経験者だった。当時日本やアメリカ・ヨーロッパへ留学した青年たちは皆、革命と救国の英雄的な理想を持っていたのである。

二つ目は、周恩来が一二歳のとき、瀋陽にある関東模範小学校に通い始め、歴史の授業で陳天華の名作『警世鐘』など、辛亥革命期の進歩的な思想を学んだ。陳天華（一八七五－一九〇五）は同盟会のメンバーで、一九〇五年の法政大学在学中に日本文部省が発布した「清国人を入学せしむる公私立学校に関する規程」に抗議するべく、海へと身を投げた。わずか三一歳であった。想像するに、聞き知った陳天華の生涯を、自然と伯父と辛亥革命の関係に結びつけたことが、いっそう辛亥革命と日本に対する印象を深めたのではないか。そのため、卒業前に進路を訊かれた周恩来は「中国振興のために勉強する」と即答し、この言葉を一生の指針とし続けた。

三つ目は、周恩来は天津の南開中学校へ転校し、南開中学校創立者である張伯苓（一八七六－一九五一）に出会った。張伯苓は北洋海軍学校を卒業し、アメリカで名誉博士号を取得、帰国後は海軍に属する部署で働き、日中戦争での敗戦を経験した後、救国のための教育に身を捧げる決意をした人である。張伯苓の目標は南開の学生たちの志を喚起することであり、周恩来もまさに愛国主義の影響を受けて勉学に励み、南開中学校で奨学金を得るほどの優等生になった。その後、張伯苓は高等教育の必要性を感じ、日本と欧米を視察した後、厳範孫[4]と協力して一九一九年に南開大学を開いた。このとき、周恩来も日本から帰国しており、第一期生とし

日本留学時代に同級生と記念撮影をする周恩来（後列右）

て入学した。
四つ目に、「日本通」だった陶大均（一八五八－一九一〇）一家との交遊がある。一九一三－一九一七年の間、天津の南開中学で学んだ周恩来は、後輩の陶尚釗と出会った。彼らは紹興の同郷で、また二人の祖母は従姉妹同士だった。この兄弟のように仲のよい後輩の父・陶大均は清末の一八七二年に官費で日本に留学した有名な「日本通」で、一八七九年に横浜の中国駐日領事館で黎庶昌駐日公使の公務を手助けする職に就き、のちの一八九一年、北京同文館が東方館を設立する際に帰国して教員となった。一八九五年には清朝後期の外交を担った政治家の李鴻章が「馬関条約」（下関条約）調印のため日本に赴くのに同行し、対日交渉のサポートを行ったほか、『中日戦記』二巻など膨大な著書も遺している。

1918 年、張伯苓来日時の南開中学校の留学生との集合写真。周恩来は前列左から三番目

国家に尽くすことは周恩来の幼い頃からの理想で、一四歳のときには「中国興隆のために勉強する」と表明している。陶父子との関わりから自然と日本にも触れるようになった。さらに陶大均が中国の利益に大きく関係する「馬関条約」の調印に関わる人物だったことから、国家の大事に関心を持つ周恩来は必然的に日本に対して格別の注目をするようになった。また、南開中学で書いた作文のうち五本は、日本の政治や軍事などの時事問題に関するものであった。これらの作文に書かれた構想と「日本通」一家との交流が周恩来少年の大志に帰着したことは想像に難くない。

陶尚釗（一九〇七－一九二二）は南開中学校で周恩来と共に学び、周についてフランスへ留学していた。周恩来に絶大な信頼を寄せていた。周恩来は、日中外交のみならず、経済や政治の最前線で活躍する人々との交流を通じて、より深く日本を知ることになる。ちなみに南開中学校を卒業するときには、周恩来が「国語最優秀者」の特別賞も渡されていた。

五つ目は天津政法学堂（北洋法政学堂）と于樹徳とのかかわりである。天津政法学堂は一九〇六年に、日本の明治維新期の法律学校を参照して作られた、中国最古の法律学校のひとつである。中国共産党創始者の一人、李大釗が学んだ学校でもある。于樹徳は李大釗と同級生で、周恩来とほぼ同時期に日本へ渡り、京都帝国大学（現京都大学）で経済学を学んだ。当時、既に日本留学の資金を手にしていた于樹徳は、周恩来を希有な人材と認めていたため、留学資金の一部を分け与えていた。この資金援助によって、周恩来の日本留学がいくらか助かった。生涯、恩を感じ続けていた周恩来は、一九四九年、北京飯店で于樹徳と再び相まみえたとき、冗談交じりに「君には三〇〇元（次頁の換算表を参照）という大きな借金がある。利子も含めたら今でも到底返せるものではない。どうしようか。分割か、利子の免除か」と話していたという。これはとても有名な逸話でもある。

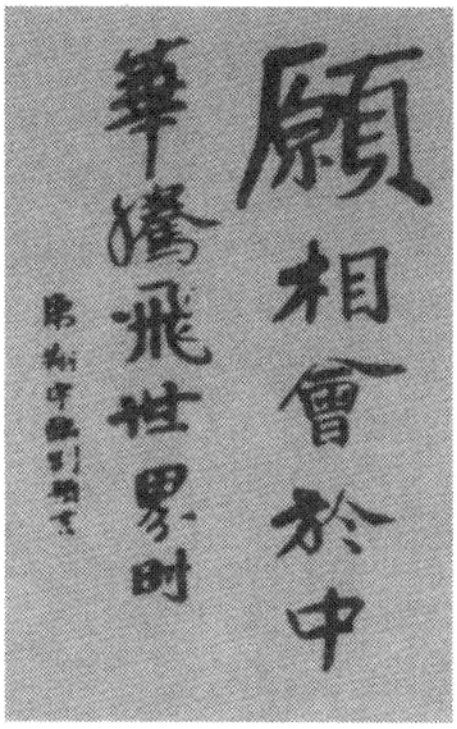

周恩来がクラスメイトに残した言葉

中国の〔銀〕100元に対する日本の〔金〕円

年月	円	年月	円	年月	円	年月	円	年月	円	年月	円
1926		1927		1928		1929		1930		1931	
1	123	1	93	1	99	1	102	1	74	1	46
2	118	2	94	2	97	2	99	2	72	2	42
3	117	3	90	3	97	3	102	3	69	3	45
4	110	4	93	4	95	4	99	4	69	4	46
5	112	5	96	5	103	5	97	5	67	5	44
6	112	6	99	6	103	6	96	6	54	6	44
7	112	7	95	7	103	7	93	7	54	7	46
8	105	8	94	8	104	8	90	8	56	8	44
9	102	9	94	9	102	9	87	9	58	9	46
10	90	10	95	10	100	10	84	10	57	10	48
11	87	11	99	11	99	11	81	11	56	11	51
12	87	12	101	12	99	12	79	12	52	12	49
年月	円	年月	円	年月	円	年月	円	年月	円	年月	円
1932		1933		1934		1935		1936		1937	
1	69	1	98	1	115	1	125	1	105	1	105
2	…	2	98	2	117	2	130	2	105	2	105
3	79	3	100	3	117	3	139	3	105	3	105
4	73	4	97	4	115	4	140	4	105	4	105
5	72	5	103	5	109	5	146	5	104	5	104
6	74	6	102	6	112	6	142	6	104	6	104
7	81	7	103	7	115	7	136	7	104	7	103
8	93	8	104	8	117	8	128	8	104		
9	97	9	109	9	121	9	132	9	104		
10	95	10	107	10	123	10	128	10	104		
11	105	11	109	11	117	11	105	11	105		
12	99	12	110	12	120	12	105	12	104		

1926年以後の対日為替相場
出典：さねとう・けいしゅう『増補版 中国人日本留学史』くろしお出版、1981

一九一七年八月、周恩来は瀋陽の母校に戻り、日本に留学することを友人や親戚に伝えた。同級生には「中華が世界へ飛び立つとき、再び会おう」との別れの言葉を残し、同年九月に日本へ出立した。このような振る舞いから、周恩来は留学前から日本に対してきわめて冷静で客観的な視座を持っていたことがわかる。進学して学ぶという短期的目標と、「大同理想」――中華の飛躍を目指す長期的目標をもって、日本留学という新たな一歩を踏み出したのである。

周恩来の日本語学校

一九一七年秋、来日した周恩来は、東京高等師範学校への入学に備えて、東亜高等予備学校に入学し、日本語を専攻した。この予備校が選ばれたのは、校長の松本亀次郎が東京高等師範学校の卒業生であるだけでなく、一九〇八年から一九一二年まで北京京師大学堂で外国人教師を務め、中国人からの信頼と評価が高かったからでもある。松本亀次郎は帰国後、私財を投じて東亜高等予備学校を設立し、三五年間にわたり中国の学生の教育に生涯を捧げた。

当時の学校の盛況が、大東町教育委員会編纂『松本亀次郎目録』「記録・書状」にある大正三年（一九一四）三月二二日、松本亀次郎より御母堂への手紙を通してわかる。「シナ留学生四百余名収容」という報告が書かれている。

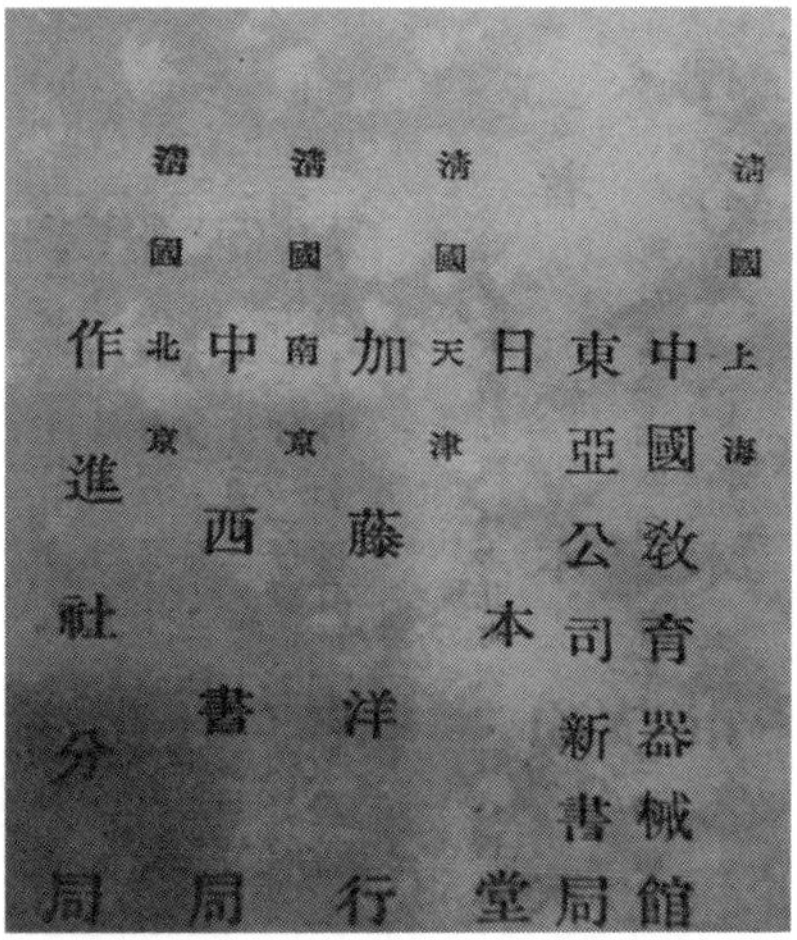

これ以前にも松本は、日本の公立高等教育機関として初めて中国人留学生を受け入れた東京高等師範学校の校長である嘉納治五郎の推薦を受けて、清朝末期の中国人留学生の代表的な教育機関である宏文学院の教授を務めていた。この間に嘉納校長の協力を得て、中国人学生のために一八冊ほどの日本語教科書を作成し、中国語の対訳参照を用いて、言葉の壁をできるだけ早く乗り越えられるようにした。松本の教科書を使った中国の学生は、魯迅、秋瑾、李大釗、周恩来など数多い。

その結果、当時日本留学ブームに沸いていた中国では、主要都市に「宏文学院」の教科書シリーズ本や松本亀次郎の教科書の販売店が設立された。一九〇一年、天津租界の旭街四九番地に開業した日本の商社「加藤洋行」はその一つである。教科書の一冊、『言文對照漢譯日本文典』の裏表紙には販売店名が印刷されている。（写真）

他方、大東町教育委員会編纂『松本亀次郎目録』「記録・書状」に収められた資料から、明治

当時の天津日本租界の絵葉書。路の右側にあるのが加藤洋行。万魯建提供（天津社会科学院）

四三（一九一〇）年六月、国文堂書局加藤洋行調書同封の書籍発注と受領記録が見つかった。それによれば書籍名作新社『文典』二二一冊の取引があった。

現在の和平路と鞍山路の交差点にあった加藤洋行は、南開中学校からほど近い場所にあり、日本に留学することを決めていた周恩来は、日本の学校選びの参考にするために、その店に行って関連する情報を手に入れ、教科書を閲覧したと推察する。

最近、松本亀次郎記念館と大東図書館との共同調査で、東亜高等予備学校が南開中学校の学生を受け入れる「受け入れ校」でもあった事実が見えてきた。松本亀次郎の著書『中華教育視察紀要』〈東京市神田区西小川町一丁目九番地　東亜書房　〈栗原菊造〉　地址在　中華民国留日基督教青年会前一九三一年七月）の記載によれば、一九三〇年四月三日、松本亀次郎一行四人の中華教育視察団が東京を立った。中国についてから、主要都市の教育施設を訪問した。例えば、南開大学を訪ねたことについて、次のように記してある。

【本大学と東亜との関係】本大学と南開中学卒業の学生は従来多数にわが東亜にも入学していたが、いずれも一種特別の気品と風采とを有し、自信の篤いものが多い、それが他学校出身の学生と著しく目立って見える。

ここでは、周恩来を意識した表現を取ったと思われる。続いて、南開大学の日本語教育についても東亜高等予備学校とのつながりが反映されている。

【日本語科】本大学でも選科として日本語科を設け……教科書は多く東亜編纂の書物を採用している。

また東亜高等予備校の卒業生の多くが東京高等師範学校に入学していた。東京高等師範学校は、日本で最初の近代教育を担う人材を育成する教育機関であり、学費や食費、宿泊費、衣服代などが学校から支給されるため、中国人留学生の注目を集めていた。当時、中国と日本の間には、日本の指定大学入学者には、学業を終えて中国に帰国するまで公費留学生としての待遇を受けられるという協定があった。周恩来がこの学校を狙った理由の一つである。

だが、東亜高等予備学校も含めて、周恩来の在校期間に関連する一切の記録は残されていない。すべてが焼失したという。それを確認するため、松本亀次郎の故郷・静岡県掛川市を訪ねた。地元の偉人とされる松本亀次郎の関係資料が大東図書館に保管してあるため、火事に消えた東亜高等予備校の様子を伝えた葉書を見せていただいた。高仲善二より松本亀次郎宛へ、学校焼失の事実を書き送った葉書の日付は昭和一九（一九四四）年九月一七日になっている。

周恩来の学習時間

周恩来の日本での生活に関する文書資料の中で、よく知られているのは、一九九八年二月に中国共産党中央文献研究室・南開大学が編纂・出版した『周恩来早期文集』に掲載されている周恩来の日本滞在時の日記である。翌年一〇月、小学館から刊行された日本語版『周恩来「十九歳の東京日記」』も、現存する数少ない資料の中で特に重要なものである。

そこから次の数字が見られる。一九一八年一月四日から八月七日まで、周恩来は東亜高等予備学校について四〇回以上、「個人教授」について三〇回近く、東京高等師範学校について一五回、「勉学に励む」ことについて一一回言及している。これらの数字の背景には、すべて「学習」というメインテーマを中心に展開されていることは明らかである。

一九一八年一月一日、新年の始まりとともに周恩来は日本留学日記の一ページ目を書き記した。「今日は太陽暦の一月一日。中華民国も七年目のこの日に、私の日記を始める。私は今年でもう一九歳だ。〝人には志が必要だ〟とはよく言ったもので、言葉の通り、私が今なし得たいことは……」

一九一八年三月一一日の日記には、「一日一三・五時間の勉強、三・五時間の休憩とその他の用事、七時間の睡眠」と記されている。

このようにして、周恩来は東亜高等予備学校と自宅を往復して、寝食を惜しんで勉強した。当時周恩来には明確な二つの目標があった。それは東京高等師範学校（現・筑波大学教育学部）か第一高等学校（現・東京大学教養学部）のいずれかに進学し、公費留学の恩恵を受け、新しい知識を得ることであった。

他方、日本での日々はどれも周恩来に大きな影響を与えた。一九一六年五月一九日の日記では、新中学会（在日留学生の交流組織）で自身の留学の心得について語ったことを記している。「能動的観察力と受動的浸透力を身につけた」。これも周恩来が留学期間中一貫して保ち続

東亜高等予備学校跡地
（東京都千代田区神田神保町
　2－20－3 愛全公園）

けた姿勢なのだと思う。たとえ受験失敗の挫折にも彼は冷静に対応していた。その泰然自若とした様子は日記の中にも表れている。「どこでも学べるのに、なぜ教科書からしか学ばないのか？　日本に来てからは、何事も学業の目線で、日本人の一挙手一投足、あらゆる行動に気づくべきだ」。だから失敗するよりも、失敗から学ぶことのほうが重要なのである。

日本社会という「大教室」の中で、周恩来はあらゆる社会現象に注意を払い、その理由を探ろうとした。受験前と変わらず勉強に打ち込みながら、忙しい合間を縫って六回、気分転換として浅草へ映画を見に行っている。周恩来の留学中に上映されていた人気映画『忠臣蔵』は、その後の嵐山旅行の動機のひとつにもなった。

時には、早稲田大学の同級生たちとも顔を合わせ、時事問題を語り合ったり、書店で立ち読みしては「新しい知

東亜高等予備学校用教科書（大東図書館所蔵）

識」を詰め込んだ本に耽けっていた。時折中華料理店・漢陽楼（現在の神田小川町）に行き、安くておいしい焼き豆腐や肉団子スープ（獅子頭）を注文した。

一九歳の周恩来は進学のプレッシャーから離れて日比谷公園の散策や上野公園の花見をする穏やかな時間も日記に書き記している。これらの記述から、彼が若い頃から自己管理の能力に長け、地に足ついた日々を過ごしていたことがうかがえる。

周恩来の日本語教科書

繰り返して調査したが、周恩来の日本滞在期間（一九一七－一九一九）に関する学校側の記録はすべて灰になってしまい、見つけることが困難だった。しかし周恩来が日本留学の期間に使われた教科書や一部の講義ノートは今でも入手可能である。これらは主に当時の日本語教育の第一人者であった松本亀次郎の手によるもので、公式に発行されたものと、講義録や内部刊行物として発行されたものがある。またこれらの教材やテキストは、当時、他の語学学校でも使用されていた。周恩来は日本滞在中、恐らく次の松本亀次郎の教科書に触れていたと推察される。

松本亀次郎著『言文対照漢訳日本文典』中外國書局、一九〇四年
松本亀次郎著『言文対照漢訳日本文典』訂正第一五版　國文堂書局、一九〇五年
松本亀次郎著『漢訳師範科講義録　日本語編』（内部発行）、一九〇六年
松本亀次郎著　宏文学院編『日本語教科書　第一巻』金港堂書店、一九〇六年
松本亀次郎著　宏文学院編『日本語教科書　第二巻』金港堂書店、一九〇六年
松本亀次郎著　宏文学院編『日本語教科書　第三巻』金港堂書店、一九〇六年
松本亀次郎講述　宏文学院編『日語日文教科書』一九〇七年
松本亀次郎著『漢訳日本語会話教科書』光榮館書店、一九一四年

一九二九年の統計によると、一九〇四年に出版された『言文対照漢訳日本文典』の改訂版は

初版から三五刷、一九一四年に出版された『漢訳日本語会話教科書』は初版から二〇刷も増刷されている。ところで、この一覧に入っていない教科書を取りあげたい。一九四〇年に有隣書屋から講義ノートなどをまとめて書籍化された『華訳日本語会話教典』である。日本語教育と日本の歴史・地理・社会・文化の綜合的知識を組み合わせたもので、現在においても参考の価値が高い。

『華訳日本語会話教典』は前書きなどを入れて四五〇頁前後の長編教科書で、六編からなっている。

第一編　仮名と発音／第二編　基礎会話／第三編　日用会話／第四編　日本見学／第五編　年表と地図／第六編　挿画と説明

いうまでもなく、必死に日本語の力を身につけようとする留学生にとって、教科書が頼りになる。教材分析過程の省略をお許し願うが、『華訳日本語会話教典』が語学と共に日本事情を学ぶよき教材に間違いなく、強調させたい。周恩来にとってもよきテキストであったと考えられる。

だが、同教材の発刊は周恩来帰国後の一九四〇年である。となると、周恩来が使用したとは疑わしい。他方、この教科書の内容を周恩来が学習した可能性は否定できない。その理由を挙げたい。

1、一般的に、教科書の発刊に至るまでには長年にわたる講義録の蓄積が必須である。この間、教員本人の教育実践が繰り返され、教案、授業原稿、教場筆記など、琢磨を重ねる跡が残される。松本亀次郎についても、多数の手書きペーパーが見つかっている。これ以外に学習帳、雑記、ノートが数多く大東図書館に収蔵されている。したがって、周恩来の留学時に教科書の下地となった教材を教わった可能性は高い。

2、そもそも松本亀次郎の教科書編纂への情熱は極めて高かった。大東町教育委員会編纂『松本亀次郎目録』「記録・書状」から、その意欲を示す手書きものの数例がのぞかれている。

教育実践に基づく尋常小学校および高等小学校国語教科書編纂に対する希望

年賀あいさつに「国語の参考書」について論じていた。

「国語教科書編纂に対する希望」を再び表明した。

よって、松本亀次郎は教科書の刊行前に、意識的に教室で内容の考察と試しを積め重ねてきたのではないか。とりわけ個人教授として臨む場合、学生の反応に応じて内容を練るのに望まれるだろう。

以上にあげた資料の一部は年代不明のものも含まれる。しかし、教科書制作に理念と期待を込めただけに、松本亀次郎が周恩来の個人教授を担当した間、教科書の内容を丹念に取捨選択して、用意したと推察できる。その際、前述の『華訳日本語会話教典』の初期形・教義録を使用して教えただろう。

この教科書には「日本見学」が設けられ、嵐山、円山公園、琵琶湖の疏水工事、南禅寺、大覚寺、天王寺、大悲閣千光寺、万福寺などの名所や、角倉了以、隠元、高泉《こうせん》などの著名人の紹介が興味深く掲載されている。また、日本の歴史年表や皇室文化、例えば王仁が皇太子に論語や千字文を教えたという逸話の珠玉にも力を入れている。

これらの内容が中国の留学生に身につけられやすいと、北京で「外国教習」として体験した教育者ならの判断があっただろう。実際に松本亀次郎の判断が証明された裏付けがある。大東図書館の所蔵資料に、関東州旅順明石平蔵より有隣書店宛への『華訳日本語会話教典』注文書がある。中国の学習者に歓迎された証拠と言える。

外国語を学習した経験のある人ならば、外国語の単語は暗記しなければならず、外国語の文章は一文字一文字、頭に刻み込まなければいけないことに共感するだろう。周恩来が苦労して頭に注入した日本語教科書の内容も、同じようなプロセスを経て、彼の日本における現地視察の確固たる基礎となったことは想像に難くない。そこから先に実際に視察して得られた知見と体験は、日本を検討する際の参考として、また日中関係を判断する際の補助材料として、自然に蓄積されていったと思われる。

大変恐縮ながら、個人的体験を踏まえて述べさせていただきたい。

時代の違いはあるものの、筆者は同じ日本留学体験者として、周恩来の心情が多少わかるように思う。また、日本語教育者の体験をもいささか味わってきたことから、松本亀次郎の教材づくりの奮闘にも共感する。学習と教授の両者の間を架けた橋があれば、教科書の中にあるピンとくる内容でもある。周恩来にとっては、その内容が一九四〇年刊行の『華訳日本語会話教典』の中にある第四編「日本見学」だと思える。このように思わせてくれるのは、筆者の学習と教授の両方の体験に由来する直観ではあるが。それよりもっと重要なのは、周恩來が留学を打ち切り、帰国前に選んだ京都、嵐山への旅である。

『雨中嵐山』など一連の作詩が周恩来の旅路を詠っている。「日本見学」の下地で学んだ地理文化歴史に深くかかわっていると思えてならない。その下地の存在を、松本亀次郎記念館と大東図書館の協力のもと、最近少しずつ読み解いている。

制作年月日は不明確であるが、松本亀次郎と同伴者二人で下見を基に作成した修学旅行の行程案と思われる書状がある。毛筆のくずし字で判読の結果を待たなければならないが、上がっている地名を拾っていくと、掛川―名古屋―津（南部も見学）―滋賀―京都―大阪―神戸―奈良―津―名古屋―掛川の行程が見える。これらの地名は「日本見学」にも見られるし、周恩来の関西への旅にも連なる。

教科書の内容を参考にした周恩来の日本視察の旅を検証するため、当時発行された『実地踏測　京都市街全図』（和楽書屋、一九一七年九月五日発行）の案内書を携えて、帰国前の周恩来の足跡をここ十数年、調べてみた。教科書内容と周恩来の行動の相関関係を探ってみた。

周恩来の目標

前にも触れてきたが、周恩来の日本留学生活に関する資料の中で根拠となるのは、中央文献研究室・南開大学の一九九八年二月の本『周恩来初期文集』に収録されている日本留学日記である。翌年一〇月には日本の小学館から日本語版として『周恩来「十九歳の東京日記」』が出版されている。現存する資料が少ない中で、これは特に重要なものとなっている。日記を通して、周恩来が東亜高等予備学校で学んでいる様子や、松本亀次郎氏との交流を知ることができ

東亜高等予備学校教師陣の集合写真（松本亀次郎氏のご子孫提供）

る。松本亀次郎氏は、中国人留学生の教育に三五年間携わり、一八種類の教科書を編集した素晴らしい教育者である。日記には、周恩来は四〇回以上東亜高等予備学校で授業を受け、およそ三〇回も個人指導を受けたことが記されている。

当時、日本留学において周恩来は二つの短期的目標を定めていた。ひとつは東京高等師範学校（現筑波大学）に入ること、もしくは東京第一高等学校（現東京大学）に入り、官費留学生となり、新しい知識を得ていくことである。そのため、彼は綿密な学習計画を立て、毎日勉学に一三時間半、休憩やその他のことに三時間半、睡眠に七時間と生活サイクルさえ決めていた。また、日記の中で「これからは頭を勉学で埋める。諺に言う『鉄の杵を磨き刺繍糸にする』だ。ひたすらに強い意志があれば、望みはきっと成し遂げられる」と奮起していた。周恩来は寝食を忘れて学び、東亜高等予備学校と下宿先を往復するばかりの日々を送っていた。

しかし、試験結果は思うようにはいかなかった。日記の中には、東京高等師範学校の不合格を知った翌日、一九一八年三月一七日の記述がある。「散髪し、外食をして、青年会で講演を聴く」。いたっていつも通りの一日である。

同年七月一一日には、第一高等学校にも落ちてしまったが、周恩来は日記に「失敗することは分かっている」と書いている。十分に冷静な様子がうかがえる。なぜならこれは彼の短期的目標に過ぎず、長期的目標に到達するためのプロセスは決して、決して最終目的ではなかったからである。

一九一八年三月一〇日の日記には、このように書かれている。

「師範学校の試験が終わった時から、心に不安がある。七月の一高試験のためには、課題にしっかり取り組まなければならない。このままでは受かる見込みがないのではないのか。合格のためには今から頑張らねばならないが、やはり自信がない。昨日日比谷公園へ行ったとき、努力の方向性を考えているうちに、だんだんと腹案が見えてきた。今日筆を取り、書き出した仕事を明日から実行するつもりである」

教育を受けることに加え、周恩来は新たな短期目標を付け加える。「新しい思想、新しい物事、最先端の学問を追究する」ことだ。彼は二月二一日の日記の中で「旧暦の正月から始めよう。第一に、今より新しい考えを持ちたい。第二に、今より新しいことがしたい。第三に、最新の学問を学びたい。思想には自由が必要で、事を成すには実態が必要で、学問には明瞭さが必要だ」と書いている。以下の三つがこの日記の要点である。「今より新しい考え」「今より新しいこと」「最新の学問を知る」。周恩来はこの三つを「三宝」と定めた。また、この「新しさ」の基準についても、明確な基準を示している。それが大同理想である。

その基準は、彼の日記から知ることができる。

一九一八年二月一五日「大同理想に最も近く、最も新しいことを成すため、進化の過程にある〝自然な流れ〟に自分の心を置いた。今月に入ってから、心はいくらか落ち着いている」

周恩来の日記の中に長期的目標についての答えも見つけることができる。「私は今、日本に住んで彼らの国内事情を見ていて、彼らは日に日に発展しているように思う。しかし自国に立ち返ると一進一退と言うほかない。重すぎて覆せないものが日に日に増えていくようでさえある。古いものを取り除き新しいものに換える必要があり、このための力も日に日に増していかなければならない」。堆積という悪い現象から中国を救うために、周恩来は西洋文化や十月革命などの新しい思想を見つめ、関連書籍を研究した上で、一九一八年四月二三日の日記にこう記している。「社会主義国家設立について、ロシアが最初の実験になるのではないだろうか」

同時期に、中国共産党創設者である李漢俊・李達・董必武も日本にいた。彼らは、マルクス主義をどのようにして日本に広めるかを検討し、この外来の思想がどのようにして国を救う科学になり得るのか、可能性を探っていた。一九一八年五月、李達は日本留学生たちを率いて、国を救うための陳情団として帰国した。北京の学生たちと共に北洋政府の反逆に抗議するためである。しかし、彼らの愛国運動に対して、政府は無反応・無関心だった。李達は政府の無策を目の当たりにし、国のために尽くすことができないと悟ったあと、マルクス主義の研究に没頭し始めた。

一方、周恩来は当時の日本や世界の情勢、中国人留学生がデモに参加する様子などを日記に残しながら、極めて冷静に観察する姿勢を見せていた。これは、周恩来自身が深く思考する習慣を身につけており、子どもの頃から幅広い知恵や知識を元に総合的な判断をする習慣を家族や親友に教わってきたためでもあった。

当時、世界情勢は大きく変化しており、周恩来もそれをひしひしと感じていただろう。彼の心の奥底は、すぐそこに迫っていた五四運動の変革を思って激情が沸き起こっていた。二月一四日の日記には雑誌『新青年』に対する彼の理解の変化も記されていた。「中国にいた頃は学校の勉強が忙しく、昨年発行された『新青年』を別段気にかけず、書店で手に取ってもすぐ通り過ぎてしまっていた。しかも当時の私は『漢学』や『復古』を研究するという間違いを犯していたために、革命の思考の中にこれらを用いる気はなかった。天津から出発するとき、雲君から『新青年』三巻四号を貰い、道中に喜んで読んだ。また、東京に着いてからは季衝（厳智開）から『新青年』三巻全冊を見せてもらい、ますます嬉しくなった」

日本で現実を見た周恩来は、昇華の道へと進んでいく。模索を繰り返した末に、短期的目標で得られたものを実践していくことに決めた。つまり、日本で学び得た「新しい思想、新しいこと、最新の学問」を、国民が共有する普遍的な価値観――大同理想へ落とし込み、十月革命の教訓をもって、中国の現状を変えようとしたのである。

結論として、周恩来の嵐山周遊の研究は、詩の「模糊の中にたまさかに一点の光明を見出せば、真にいよいよなまめかし」という一節の探索でもあった。苦悩や混迷の中でも決して止まらなかった道のりの追憶であった。その光を追いかける原動力は、中国に連綿と続いている「大同」の理想に根ざしていた。総合的な教育的素養を高め、万人に寛容でいられるだけの確固たる信念を鍛え、自然や必然性の限界を超えて、真摯に多元文化の叡智を受け入れること。

母国と漢字文化を同じにする日本での留学では、特にその姿勢が際立った。同じ漢字文明でありながら、異なる発展を重ねたふたつの叡智は、川の水がすべて海へ帰るように、同じ場所へ帰結する。歴史を紐解き、時空を超えた手探りの努力は、必ず時代に合った新しい知識の領域を切り拓く。これは周恩来の時代のみならず、今日を生きる私たちにとっても大きな命題である。このような命題から、周恩来が見た「一点の光明」は彼自身の学ぶ意味や信念に寄与しただけではなく、留学における尽きせぬ思想啓蒙にも火をつけたのだ。したがって、嵐山周遊は周恩来の日本留学モデルを描き出し、後世の人々が自身の文化的ルーツと外国文化の融合を実践するための地図にもなっているのである。

この基盤の上に立ち、より広大な探求と開拓をすることが私たちに与えられた課題である。また、この思想に基づき、二〇一九年五月二〇日、「雨中嵐山」創詩一〇〇周年及びその詩碑設立四〇周年を記念して亀山公園の詩碑で献花式が行われた。この活動には、京都市長の門川大作氏及び各界の代表者もご参加頂いた。当日は小雨降るあいにくの天気だったが、献花式の途中から空が晴れ始め、まさに一点の光明が空に差した。周恩来が「雨中嵐山」を歌ったまさにその日を見ているようであった。（奇しくも、本稿の元になった講演会の開催日もまた、霧雨が降り続いていた。二〇二一年六月一七日、忘れられない日になった。）

帰国直前の周恩来、1919年4月6日京都で撮影

一九一七年秋から一九一九年春まで、周恩来は日本留学中に「新しい思想、新しいこと、最新の学問」を学んだ。特に琵琶湖の疏水事業を視察してからは、中国を改革し、学んだことを活かすという周恩来の信念は更に増す事になった。日本に別れを告げてからは、マルクス主義の「新知識」を活かして生涯に渡り中華文明とマルクス主義を結びつける歴史的開拓を実践した。日本で探し求めた「一点の光明」は常に「大同」の初心と共にあった。そのためいまわの際まで日本の桜を覚えていたのである。隣国に咲き誇る桜は周恩来に開拓する新時代の「大同」モデルと「日中友好」の始まりという啓示を与えたのである。

日進月歩の現在の中国を俯瞰すると、周恩来の遺灰はもう黄河から海へ流れ出てしまったが、彼が日本留学時に携えていた「大同」の遺伝子は海水のように奔流となって止む事がなく、「雨中嵐山」に見た「一点の光明」は毎年の花々を潤し、微笑みながら私たちを導いている。この光明が温かく輝き、後進の歩みを照らすことを心より願っている。

周恩来の「大同」の夢と「三宝」

残念ながら、東京高等師範・第一高等学校両校の試験結果は思うようにはいかなかった。この厳しい事実を前にしても、周恩来は落ち着いていた。入試はあくまでも短期的な目標にすぎなかったので、不合格も長期的な目標を達成する過程における一時的な挫折にすぎなかった。周恩来の長期的な目標は、一九一八年二月一五日の日記から答えを見つけることができる。

「進化の軌道に従いながら、もっと大同の理想にちかい最新のことをしなければならない」

「大同の理想」は、『礼記』（周王朝末期から秦・漢時代の儒者の古礼に関する説を集めた書物）の礼運篇にある。この儒家の古典が描いた「大同」の世は中国式のユートピアと言え、理想的な社会の達成が二つの段階によって実現する。すなわち「小康」と「大同」だ。清末の思想家・康有為（一八五八－一九二七年）はこれに基づいて『大同書』を書き、革命家・孫文（一八六六－一九二五年）の座右の銘「天下為公」（天下をもって公となす）もここからヒントを得た。


歴史の中で、志燃える若者たちの大同理想の求め方はそれぞれに違っている。どれもが困難の道にある中で、みな初心を貫き続けた。そのため、大同理想は国民が何世代にもわたって自覚的に選んできた普遍的な価値観であり、時代を超えた精神的な理想の象徴になっている。周

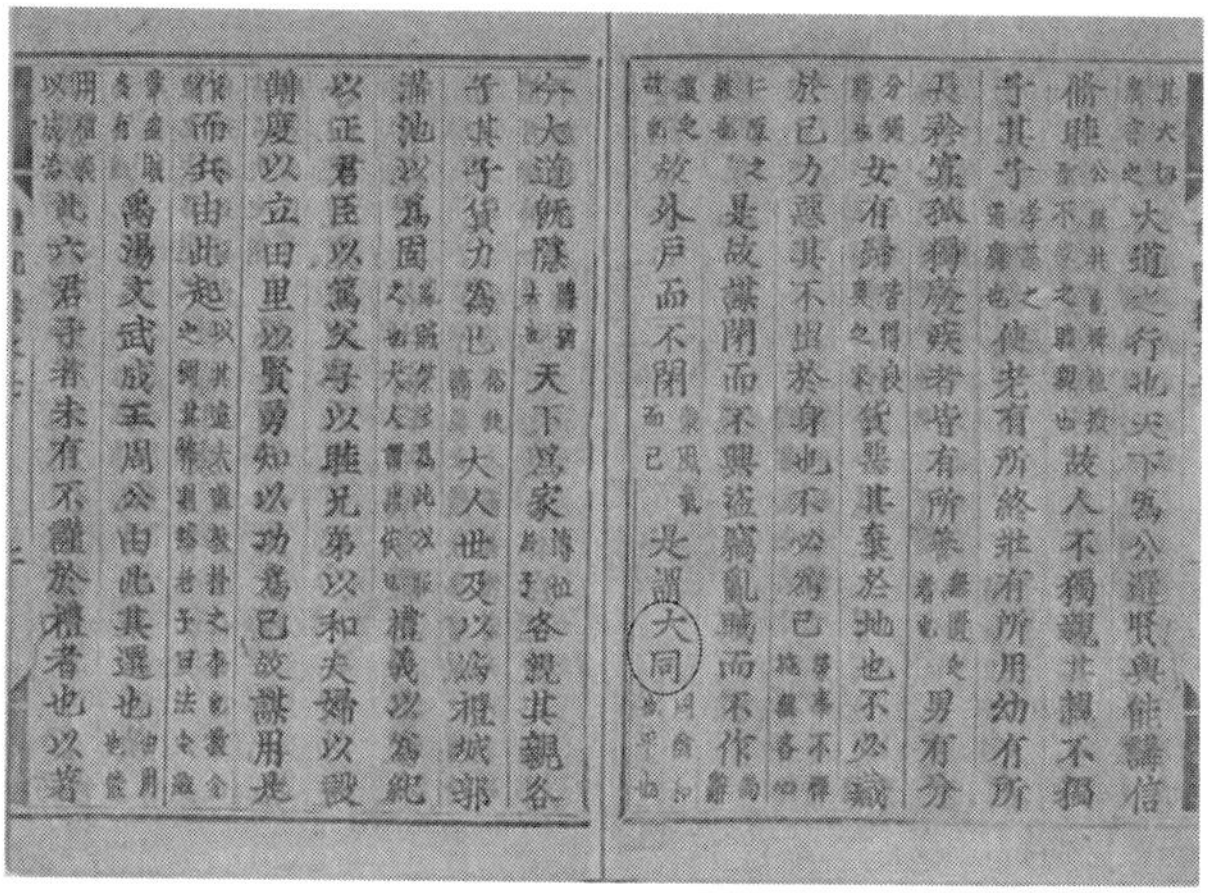
大道之行也天下爲公選賢與能講信脩睦故人不獨親其親不獨子其子使老有所終壯有所用幼有所長矜寡孤獨廢疾者皆有所養男有分女有歸貨惡其棄於地也不必藏於己力惡其不出於身也不必爲己是故謀閉而不興盜竊亂賊而不作故外戸而不閉是謂大同

今大道既隱天下爲家各親其親各子其子貨力爲己大人世及以爲禮城郭溝池以爲固禮義以爲紀以正君臣以篤父子以睦兄弟以和夫婦以設制度以立田里以賢勇知以功爲己故謀用是作而兵由此起禹湯文武成王周公由此其選也此六君子者未有不謹於禮者也以著

大同の出典

恩来もまた、能動的観察力によってあらゆる角度から日本社会を眺め、大同理想という軸の上で受動的浸透力によって日本留学中の学びを得ていたのだ。

かの鄧小平は一九七九年、中国の経済・社会発展の青写真を描く際に、「小康社会」（ややゆとりのある社会）建設を提起した。二〇一二年に開かれた中国共産党第一八回全国代表大会（一八大）の活動報告では、「小康社会の全面的完成」という目標が初めて正式に打ち出された。そして二〇二一年七月一日、習近平総書記は北京の天安門広場で開催された中国共産党創立一〇〇周年の祝賀大会で、「全党・全国各民族人民の持続的な奮闘を経て、われわれは一つ目の百周年を節目とする奮闘目標を達成し、中華の大地に小康社会を全面的に完成し、絶対的貧困という問題を歴史的に解決した」と宣言した。

歴代の志士は、「大同」の世の実現のために、さまざまな方法やルートを試した。「大同」は時代を超えて中国の人々が意識的に選択したもので、あらゆる時代精神を超越した理想のシンボルである。周恩来も大同の理想を掲げ、日本に留学中は教室と書物の中の知識に埋没することなく、あらゆる社会現象に注目し、よりよい社会改革の方法を可能な限り追い求めた。周恩来は日記にこのように書いた。

「どこでも学べるのに、なぜ教科書からしか学ばないのか。日本に来たら何事も学びの視点で見て、日本人の一挙一動によく注意すべきだ」

同時に、比較の角度から母国の現状を透視しようとした。日記にそれを見ることができる。

「私は今、日本に住んでいる。この国の状況を見ていると、日に日に発展していくようだ。だが、わが国を論じれば、日に日に悪くなり、「積年の弊害は改めにくい」という悪しき現象も日に日に増している。古きを除き新しきに換える、その力も日に日に増していかなければならない」

周恩来は、中国を救い出すこの新たな「力」を、ロシアの十月革命（一九一七年）の成功経験から学ぶことに託した。周恩来は関連書籍を熟読した後、一九一八年四月二三日の日記に、「社会主義国家の建設にとって、ロシアは最初の実験場だと思う」と書いている。

当時、世界情勢は大きく変化しており、明敏な周恩来はきっと感じるものがあったに違いなく、きっと心の奥底には来るべき変革（五四運動）の意欲が波打っていたのだろう。一九一八年二月一五日の日記には、中国の新文化運動の中心的な役割を担った雑誌『新青年』に対する周恩来の認識の変化の痕跡が見られる。

「中国にいた時は学校のことに追われて、一昨年発行された『新青年』には特に気をつけてはいなかった。本屋で買ってみたが、ただ眼を通しただけで心に入らず、読んだら忘れてしまった。また当時の私は、『漢学』と『古文の模倣』の研究という二つの大きな間違いを犯していたので、改革のために使うという考えなど全くなかった。天津から出発しようとした時、雲君が『新青年』第三巻の四号をくれた。道中で読んで本当におもしろいと思った。東京に着いて、季衝（厳智開）のところで『新青年』第三巻の全部を見て、ますますうれしくなった」

この時、周恩来は「大同の理想」を揺るぎない追求として捉え、この目標を実現するための新たな方法を見つけた。一八年二月一一日の日記には、「第一に、考えるに今よりも新しい思想を考えなければならない。第二に、行うに一番新しいことをしなければならない。第三に、学ぶに最新の学問を学ばなければならない。思想は自由に、行動は誠実に、学問は明白でなければならない」と書いた。そして、この三点を「三宝のごとし」とした。

（本章は二〇二一年六月一七日、東京にある中国文化センターでの講演「周恩来と日本」の内容より整理した）

第二章　周恩来の嵐山探訪

嵐山に向けた触発

周恩来は日本留学を打ち切り、中国へ帰る前に、嵐山を探訪して「雨中嵐山」と「雨後嵐山」の二つの詩を詠んでいる。これらは周恩来が救国の道を求めた心境の考察において非常に重要なディテールになっている。彼が混迷の中から真理の光を見つけ出す過程を詠んでいるものである。同時に、松本亀次郎の教科書より参考になったあかしでもある。

二つの詩は、このような歌である。

雨中嵐山――京都、日本

一九一九年四月五日

雨の中を二度嵐山に遊ぶ

両岸の青き松に　いく株かの桜まじる

道の尽きるやひときわ高き山見ゆ
流れ出る泉は緑に映え　石をめぐりて人を照らす
雨濛々として霧深く
陽の光雲間より射して　いよいよなまめかし
世のもろもろの真理は　求めるほどに模糊とするも
――模糊の中にたまさかに一点の光明を見出せば
真《まこと》にいよいよなまめかし
（訳・蔡子民）

雨後嵐山

山あいの雨が通り過ぎると、雲がますます暗くなり、
ようやく黄昏が近づく。
万緑に抱かれた一群の桜は、
うっすらと赤くしなやかで、人の心を酔わせるほど惹きつける。
人為も借りず、人の束縛も受けない、自然の美しさ。

考えれば、あの宗教、礼法、旧文芸……粉飾物が、
信仰とか、情感とか、美観とかを説く、
人々を支配する学説に今なお存在する。
高きに登り遠くを望めば、青山は限りなく広く、
覆い被された白雲は帯のようだ。
あまりの稲妻が、ぼんやり暗くなった都市に光を射す。
この時、島民の胸中が、あたかも情景より呼び出されるようだ。
元老、軍閥、党閥、資本家……は、今より後、「何を当てにしようとするのか」？
（訳・蔡子民）
出典：http://www.peoplechina.com.cn/whgg/202007/t20200720_800214753.html

さて、「雨中嵐山」という詩は、日本の経済界、特に関西では非常に重要な意義を持っている。一九七八年、日中平和友好条約が締結された際、関西の日中友好関係団体が周恩来の多大なる尽力を評して、嵐山の亀山公園に「周恩来詩碑」を建てた。周恩来の戦友であり当時の中日友好協会会長であった廖承志の揮毫で「雨中嵐山」の詩が刻まれている。周恩来が二つの詩

嵐山亀山公園の周恩来の詩碑

を書いたのはいずれも一九一九年四月五日、五四運動が勃発するちょうど一カ月前のことだった。また、二つの詩が同じく、一九二〇年発刊の『覚悟』創刊号に掲載された。

さて、周恩来が二度にわたって嵐山を訪れた理由は、次の点に集約されると思う。

まず、周恩来の二回目の嵐山訪問は一九一九年四月五日だった。京都には一カ月ほど滞在していたというから、逆算して一度目の嵐山訪問は三月中旬から四月五日の間のことだったと考えられる。一度目の嵐山旅行では天龍寺周辺を中心に訪れている。なぜなら、周恩来は南開中学時代には文芸に長けており、また、演劇などにも出演していたからである。

また、前述「周恩来の学習時間」のように彼は当時の日本やアジアの映画の中心であった浅草を六度

映画『忠臣蔵』を撮影した嵐山の風景のひとつ（ネットから）

訪れており、そこで映画や芝居を楽しんでいたことは容易に想像される。他方、嵐山周辺は明治時代より映画のロケ地として広く知られていて、特に周恩来が留学していた大正時代には、嵐山には毎日のように映画撮影の見物人が押し掛けていた。岩本憲児編『日本映画の歴史 写真・絵画集成』によると、当時、日本で絶大な人気を誇っていたのは『忠臣蔵』だった。この作品は中国の古典『水滸伝』の影響を強く受けている。また、この映画で最も目を引くのは、嵐山天龍寺一帯で撮った野外ロケの映像である。おそらく周恩来も文学青年故に、浅草で見た映画のロマンから嵐山に心が惹かれたのだろう。

また、天龍寺が嵐山にあったことに加え、かつて嵯峨天皇の御所だった大覚寺もその近くにある。嵯峨天皇時代の元号は、大同だった。大同という概

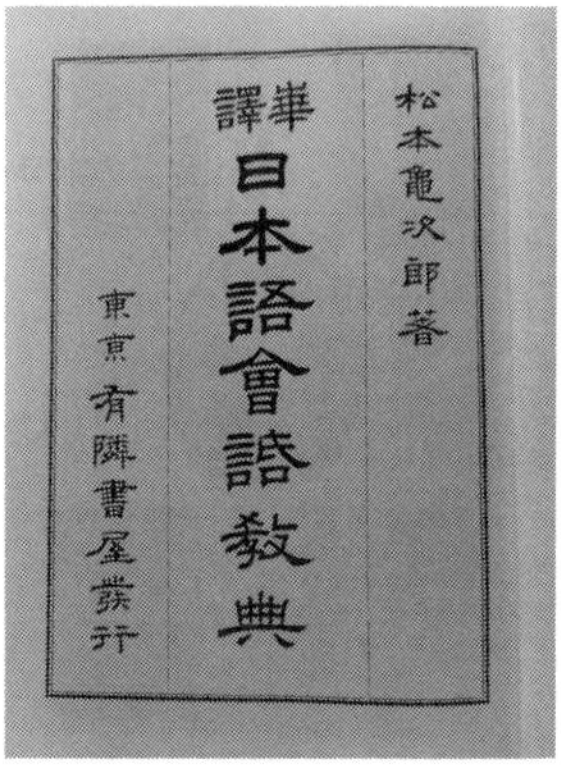

松本亀治郎『華訳日本語会話教典』

念は、周恩来にとって非常に特別なものであることは、彼の日記からも伺える。一九一八年二月一五日の日記の内容をもう一度振り返ってみよう。「進化の過程の中で最も新しく、最も大同理想に近い事を成していく」。――大同こそが若き日の周恩来の信念の起点であり、理想の指針であり、思想の源だったことが改めて確認できたであろうか。

周恩来は人文学や地理学、歴史学にも深い造詣を持っていた。長年考え続けていたために、漢字文明において大同理想に紐づく人文哲学、歴史には当然明るかったはずである。同じ漢字文化圏である日本の教養の基盤もまた、中国の四書五経などの古典に由来する。

続いて、周恩来の用いていた教科書から、彼の知識体系を紐解いていこう。

日本で初めて中国人留学生を受け入れた公立高等教育機関は、東京高等師範学校だった、校長の嘉納治五郎は一刻も早く教育の普及を図り、より多くの中国人留学生に新しい知識を学んでもらうため、後の周恩来の師ともなる松本亀次郎を東亜高等予備学校の校長に任命した。また、同時に中国人留学生向けの教科書作成も指示している。松本亀次郎氏の手掛けた一八種類の日本語教科書は、日中対訳の形を取り、多くの留学生の言葉の壁をいち早く突破させるものだった。編纂以降の三〇年間、魯迅、李大釗、周恩来など、数え切れないほどの中国人留学生が、彼の教科書を使っている。

また、松本氏による日本語会話テキスト『華訳日本語会話教典』の中に何度か嵐山の名前や、角倉了以、年号や古代天皇に関する内容が出てくる。これらの教科書は周恩来の通っていた南開中学から程遠からぬ天津の租界で、加藤洋行が代理販売をしていた。これは彼が帰国前、嵯峨天皇に縁ある大覚寺、そして嵐山を訪れた根拠として認識できよう。つまり、周恩来は教科書をきっかけに、嵐山の人文地理や風土を知り、日本の古典や資料を参考にフィールドワークを行ったのである。

周恩来の考察：角倉了以の銅像　小草の〝カタバミ〟

周恩来が初めて嵐山を訪れたのは、一九一九年三月中旬から四月五日までの間であった。四条大宮駅で乗車した彼は、一九一〇年に開通した市電型の京福電気鉄道に乗り、終着駅の嵐山で降りたが、これは一九一九年四月五日の「雨の嵐山へ二度目の旅」で使った交通手段と同じであった。

嵐山亀山公園にある角倉了以の銅像

京福電気鉄道の開通に伴い一九一二年、嵐山が結ばれると、当初の敷地は改修され、駅周辺の景観は亀山公園と名付けられ、公園のシンボルとして角倉了以の銅像が建てられた。オリジナルの銅像は第二次世界大戦中に損傷を受けたが、一九八八年に修復された。

角倉了以（一五五四－一六一四）は、漢方医の家に生まれる。角倉家は祖父の時代から医業だけでなく商売にも携わっており、一五九二年（文禄元年）に了以は海上貿易に参入する。そして豊臣秀吉（一五三六－一五九八）や徳川家康（一五四二－一六一六）などの統治者から朱印状を受け、「朱印船」として貿易を開始し、日本の海運界を代表する豪商となった。

「朱印船」とは、当時の日本政府から「渡海朱印」

（国際海運許可証）の許可を受けた船団のことである。大まかには長崎から出発し、台湾、マカオ、タイ、マレーシア、そしてマラッカと、東南アジアにまで航海した。日本の大航海時代の幕開けとなった朱印船貿易は、世界でも数少ない銀の産出国として、銀貿易を通じて日本の国力を増強させた。また、角倉了以も朱印船貿易の取引で財を成した。

角倉了以の生きた時代背景については、井上頴纉の論文「亀岡盆地における大堰川流路変遷の復原」（『人文地理学』第二一巻第六号、九一－一〇〇頁、一九六九年）や、武藤信雄・佐藤洋一の論文「角倉了以・素庵――世界に先駆け、経営倫理を実践」（『日本経営倫理学会誌』第九号、一一五－一二三頁、二〇〇二年）などがある。戦争で中断された日本と明との継続的な貿易が、豊臣秀吉の天下統一後の一五九二年（文禄元年）に再開された。これは明らかに世界情勢とリンクしていた。一五世紀から一六世紀にかけて世界は大航海時代に突入したが、日本は逆に鎖国政策をとっていた。大航海時代の潮流に追いつこうとする試みもあったが、成功したのは角倉了以だけだった。

角倉了以は「富則兼済天下」という理念のもと、東南アジアの海上貿易で得た莫大な利益を活用し、日本の富国強兵を一日も早く実現するために水路の整備に力を注いだ。嵐山を流れる大堰川は、桂川と保津川の総称で、上部を保津川、下部を桂川と呼ばれる。一六〇五年（慶長一〇年)、幕府は保津川開削の請願を許可し、角倉家はわずか半年で開削を完成させた。この速さは当時、「奇跡」と言われた。その後、富士川、高瀬川の開削も命じられた。

『前橋旧蔵文集録』などの資料によると、禹に倣った角倉了以は、斧を手にして現場の労働者と一緒に働く日々を送っていたという。完成後、海運の技術と人材を引き連れた角倉は、開削した地域(現在の京都市右京区)にその一族を移住させた。今でも角倉了以の偉業を記念した地名「嵯峨角倉」が残っている。晩年の角倉了以は、富士川、天竜川、高瀬川を開削し、高瀬川の開削が完成した際に、六一歳で亡くなった。

角倉了以は天竜川開削の際の長年の苦労のために、その志を果たすことなく亡くなってしまう。晩年は、水運事業に命を捧げた労働者のために余生をかけて念仏を唱えることを誓っていたため、労働者の霊が祭られている大悲閣千光寺に埋葬された。しかしこの墓は自然災害で破壊され、近くの二尊院に移さなければならなかった。

一六一一年(慶長一六年)、角倉了以は独占していた朱印船の許可証資格を長男の素庵に譲渡して隠居し、民衆や社会のために公務に専念して、欠くことのできない社会的地位を獲得した。

角倉了以は早くに結婚した結果、長男の角倉素庵(一五七一－一六三二)とは一七歳しか離れていなかった。そのため父と子は兄弟のように土木開削、繊維製造、海外貿易に従事し、角倉家の事業帝国を築いた。息子の素庵も父の跡を継いで貿易や水利開削を行い、国際貿易の分野では日本の大使として知られていた。角倉素庵は、幼い頃から父の命に従い、儒教の大家である藤原惺窩に師事し、優れた功績を残した。また書家・画家の本阿弥光悦と協力して「嵯峨本」を出版したり、「角倉了以流書道」を創始したりと、文化・芸術の歴史の中で重要な役割を果たした。大辞泉によると、「嵯峨弁」の「嵯峨」は京都の嵯峨地区のことで、「弁」は本阿弥光悦と角倉素庵が開発した木製の活字版のことである。この版では、オリジナルの魅力的な装丁が採用され、日本における豪華版図書の原型となった。

角倉了以が受け継いだ大禹の精神は、息子の角倉素庵にも受け継がれていたことが明らかである。この二世代の精神的な源泉と、家紋の意味は同じである。家紋は「片喰紋」といい、道端の畑に咲く花びらが三枚しかない小さな花「カタバミ」という野草に由来している。その昔、神聖な青銅の鏡を磨くためにこの葉を使ったことから、「鏡草」とも呼ばれている。また、金運アップを願って財布に隠し持つことから「黄金草」とも呼ばれていた。この一般的な草は、すべての生きとし生けるものの共通の願いを含んでいると考えられており、「カタバミ」は日本の十大家紋の中で第二位を占めている。

角倉家は今でも日本の人々に敬愛されている。「水運の父」と呼ばれ、禹のような国民的英雄とされる角倉了以に人々は感謝している。

周恩来の考察：大悲閣千光寺

一六一四年に建てられた大悲閣千光寺は、京都府西京区嵐山中尾下町にある。もともとは天台宗に属していたが、一八〇八年（文化五年）に三大禅宗の一つである黄檗宗に改められ、山号を「嵐山」、正式名称を「大悲閣千光寺」となった。

大悲閣千光寺は京都市右京区の清涼寺近くにあり、第八八代天皇である後嵯峨天皇（一二二〇－一二七二年）の祈願所でもあった。大悲閣という言葉は、観音を祀った観音堂に由来する。観音堂には千手観音像のほか、角倉了以の木彫像があることでも知られている。

前述したように、了以は朱印船の交易で得た富を、国内の河川の整備や水の流れを滞りないようにするために活用した。一六〇六年には、嵐山を流れる大堰川の浚渫《しゅんせつ》と開発に成功し、嵐山と深い縁を結んだ。江戸時代初期、慶長一九年（一六一四年）には、工事中に亡くなった労働者を偲んで、千光寺を清涼寺付近から現在の場所に移した。ここの地形は大堰川と保津峡の壁が一体化しており、その上に増設された大悲閣千光寺では、千手観音を祀り、治水後の川を見上げるようにして、地平らかに天成ることを願われている。了以は晩年には寺に移り住み修行し、治水の現場（大堰川）を守り、治水事業に献身し亡くなった人たちを永久に見守るために、大石斧を手にした禹の形を模した自身の木像を置くようにと遺言している。

亡くなる年の一六一四年には、二尊院の法師道空了椿を招いて、嵐山と呼ばれる大悲閣千光寺を開いている。ここで、「雨後嵐山」が「雨の嵐山への二度目の訪問」で始まっていることに注目していただきたいと思う。「嵐山」の意味はいくつかの角度から検討することができるが、さらに探求する価値がある。

その後、息子の素庵はその遺言に従って、木彫の了以を寺に設置した。寛永七年（一六三〇年）には角倉了以の死を記念して、儒教の大家である林羅山が書いた「河道主事嵯峨吉田（角倉）了以碑銘」が建立された。しかし、日本の禹の大志が受け継がれていく必要がある時期に、明治維新で生まれた西洋の価値観の支配を受け、寺は衰退し、お堂や境内も荒廃してしまった。その後徐々に修復されていったが、一九五九年の伊勢湾台風で再び被害を受けてしまった。その後半世紀近くに及ぶ苦難の末、住職と関係者の粘り強い努力により、二〇一二年に完全に修復された。

現在の寺院は、その名が示すような壮大で華麗なものではなく、昔ながらの素朴なスタイル

大悲閣千光寺にて

になっている。一〇〇年もの間、風雨にさらされてきたため、木の柱は黒ずんでおり、部屋の梁だけが防虫のために黄色い漆で装飾されている。寺院の内部は、素朴ではあるが、清潔に保たれている。「一期一会」や「和敬静寂」の書が、禅の静けさを感じさせる。素朴なスタイルは、丘を埋め尽くす松の木と呼応し、静けさと素朴さを醸し出している。

一九一九年四月五日、この平和で素朴なお寺に「予期せぬ客」がやってきた。周恩来がここに立ち寄って、この地を見上げ、考えをまとめ、「雨中嵐山」「雨後嵐山」の構想を練ったことが考えられる。

これに先立ち、周恩来は初めて嵐山を訪れ、亀山公園にある角倉了以の銅像（一九一二年建立）を見た。夏の時代に中国で生まれた禹の精神は、異国の地で意識的に継承され、すべての人々の模範となって受け継がれていた。周恩来の中で晩年の角倉が住んでいた大悲閣千光寺に行ってみたいという気持ちが芽生えたのは明らかである。

しかし、嵐山の見どころは亀山公園に集中しており、大覚寺、天龍寺、そして代々受け継がれてきた竹林の小径など、見物は一日がかりになる。山頂にある大悲閣千光寺を訪れるには、嵐山の再度訪問先として計画しなければならなかった。そのため周恩来は嵐山を二度訪れることとなった。

そこで、一九一九年四月五日、周恩来は清明節に大悲閣千光寺に駆けつけ、両国共通の憧れに敬意を表すことを計画した。

周恩来の考察：高泉性潡《こうせんしょうとん》と林羅山の詩文

大悲閣千光寺に通じる二〇〇段の石道の入り口の両側には、高さ二二六センチ、幅三九センチ、厚さ二九センチの花崗岩の石碑があり、高泉の「登千光寺」という七絶詩が書かれている。

登千光寺
千尺懸崖构梵宮、下臨天地一溪通。

何人治水功如禹、古碣高鐫了以翁。

千光寺に登る（訳）
千丈の崖に立つ寺院岩下に谷川を臨む
禹の如き治水の功績何人によるものか
古き石碑は高らかに了以翁の功を刻む

石板には高泉の名前がはっきりと記されている。この詩は、黄檗文化研究所編集委員会が編集し、二〇一四年三月に黄檗山万福寺文華殿から発売された『高泉全集（Ⅱ詩文編）』第二巻六八九頁「仏国詩偈」の中に収録されている。年譜によると、一六七八年、高泉は弟子の雷洲が開いた仏国寺を開山し、短期間ではあるが住職を務めた（現在の京都市伏見区深草大亀谷古御香町）。この詩は京都での活動が始まった一六七八年頃と推察される。

詩の題名と詩の間は小さな字が書かれ繋がれており、そこには「寺之左　有了以翁碑　翁闢山谿有功今造像尚存」と書かれている。高泉はこの寺院とその配置をよく知っていたことがわかる。前述のように、「了以翁」とは角倉了以のことであり、「了以翁碑」とは、儒教の大家で

林羅山撰文角倉了以翁利水之碑

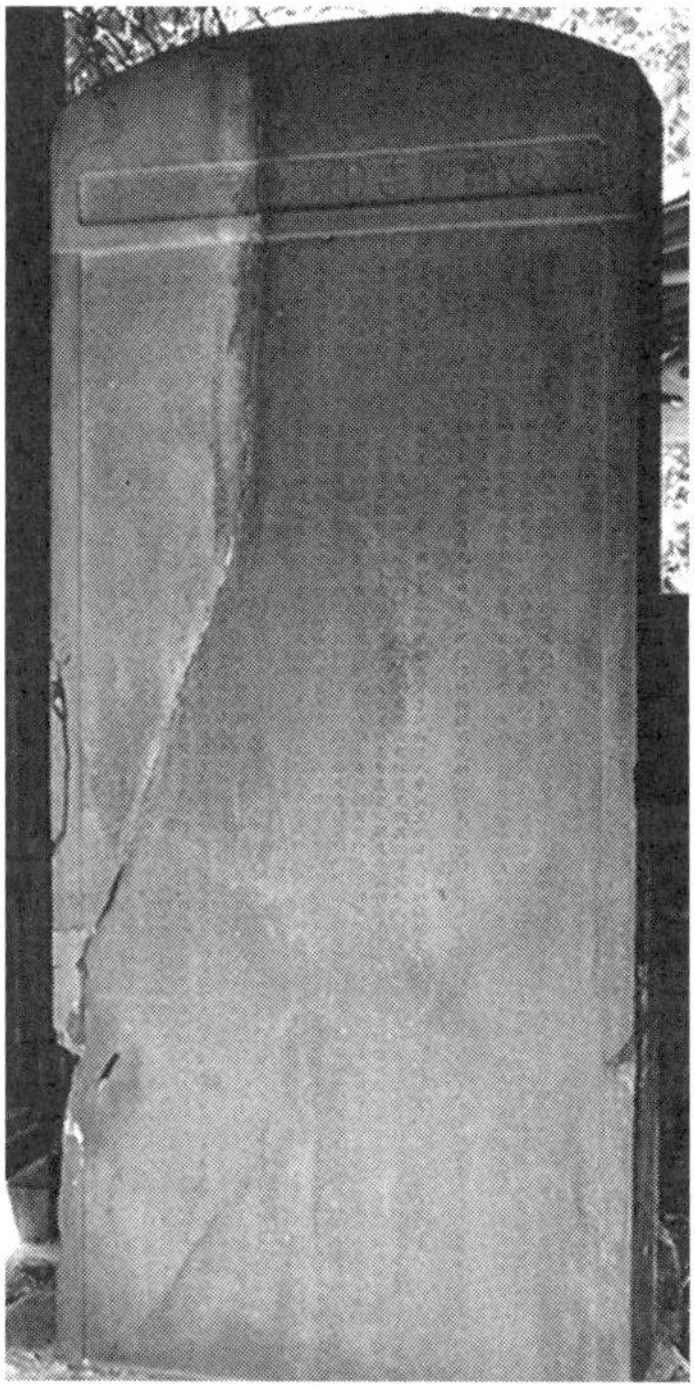
林羅山の撰文：了以翁記念碑

ある林羅山（一五八三－一六五七）が書いた「河道主事嵯峨吉田了以翁碑」と刻まれた石碑のことである。吉田は角倉の本姓である。石碑は高さ約二メートル、幅約九〇センチで、左上が一部破損しており、二〇〇〇字以上の文字が刻まれている。碑文の個々の言葉はぼやけていて判読できないが、伊東宗裕編『林羅山全集』五〇九－五一二頁に収録されている。

　羅山は碑文の最後に、「慕其賜玄圭兮　笑彼化黄熊」と書いている。

「圭」は了以の父親を指し、「黄熊」は中国の神話を意味している。林羅山は時代を凌ぐ儒学者であり、中国語に卓越した能力を持ち、古文書を自在に使いこなしていたことは明らかである。高泉もその才能に感銘を受けたのか、角倉了以の治水管理の精神に感銘を受けたのか、羅山の碑文と意図的に呼応させ、禹と角倉了以を比較した「登千光寺」という詩を書いた。「何人治水功如禹　古碣高鐫了以翁」これは林羅山の碑文への唱和であると同時に、角倉了以の生涯への賛辞でもある。

林羅山は寛永六年（一六二九年）の冬一一月に上述の嵯峨吉田の碑文を完成させた後、一二月に京都を出発して江戸に向かい、尾張藩に立ち寄って「拝尾陽聖堂」を書いた。その中で聖堂に具体的に言及しており、本文中に「金像ノ堯舜禹周公孔子」と書いている。

金像の衝撃が忘れられなかったのか、林羅山は賢者の姿を視覚化することを強く勧めた。寛永九年（一六三二年）、画家狩野山雪は聖人賢人の群像画「歴聖大儒像」を二一枚描かせた。伏義、神農、黄帝、尭、舜、禹、唐王、文王、呉王、周公、孔子、晏子、曾子、孟子、周敦頤、張載、程顥、程頤、邵雍、朱熹などである。寛永一三年（一六三六年）には、朝鮮通信使の副使である金世濂（号は東溟）が賛辞を書いた。

「歴聖大儒像」のうち一五枚は東京国立博物館に、残りの六枚は筑波大学に所蔵されている。林羅山が儒教や禹を尊んでいたことがよくわかる。関連文献としては、吾妻重二の「江戸初期における学塾の発展と中国・朝鮮——藤原惺窩、姜沆、松永尺五、堀杏庵、林羅山、林鵞峰らをめぐって」(『東アジア文化交渉研究』第二号、二〇〇九年、五七－五八頁)、水野裕二の「狩野山雪筆《歴聖大儒像》再考——林羅山の道統論を中心に」(日本儒教学会二〇一八年度大会、二〇一八年五月一三日)などがある。

高泉性潡(一六三三－一六九五)は、福建省福清市出身の黄檗の僧侶である。俗姓は林、字は高泉または良偉、号は雲外と呼ばれていたが、通称は曇華道人とも称された。一三歳の時、故郷の黄檗山で出家し、隠元隆琦の弟子である慧門如沛に師事しその教えに従った。一六六一年、二九歳の時に、隠元に招かれて京都の黄檗山万福寺に入り、法雲院の住職となり、『妙法蓮華経』『円覚経』『維摩経』など三〇巻以上を著したという。また、献珠寺と仏国寺を開いた。隠元が没し際に、高泉は一〇〇日の間棺側に従った。また「十牛頌」を後水尾天皇のために捧げ、何度も宮中に行って話をした。一六七五年、高泉は『扶桑禅林僧宝伝十巻』を著し、翌年には『東国高僧伝十巻』等を弛まず編纂した。さらに『洗雲集集』十巻、『仏国大円広慧国師語録』八巻、『山堂清話三巻』、『東渡諸祖傳』、『法苑略集』、『翰墨禅』、『黄檗高泉禅師語録』、『有馬温泉記』、『釈門孝傳』各一巻など多くの著作を残している。

一六九二年に万福寺の第五代住職となった高泉性潡は、一七〇五年には大円広慧国師、一七二七年には仏智常照国師と、二度にわたって霊元天皇から国師の称号を与えられた。六三歳まで生きた高泉は後世の人々に黄檗山の中興の祖として崇められ、その人柄と才能によって、後世の仏教界からも尊敬を得た。筆者が大悲閣千光寺の大林道忠住職にインタビューしたのは以上のような背景に基づいている。当時大悲閣千光寺の住職が高泉に三カ月間寺に来て指導してほしいと言ったとき、高泉はそれに呼応して詩を書き、それを石板に刻んで山門に建てることで、千代に渡っての証としたのである。

しかし現在、大悲閣千光寺の門前に建っている高泉の詩碑は、一九二四年に森下仁丹の創始者森下博の寄進により建てられたものである。同社の社史などを調べたものの、現時点で当時の状態は知るすべがなかった。さらに大悲閣千光寺は創建当初は天台宗であったが、一八〇八年以降黄檗山宗に改めたという。宗派変更の理由の一つには、黄檗山宗の高泉の影響が深く関わっていると考える。

高泉が一六七八年に「登千光寺」を書いてから、その二四一年後の一九一九年四月五日に周恩来がこの寺を訪れ遠くを眺めるとは、誰が想像しただろうか。

周恩来の考察：隠元禅師と万福寺

仏教が六世紀に中国を経由して日本に伝わって以来、代表的な一三の宗派が日本に上陸した。このうち禅は、臨済宗、曹洞宗、黄檗宗の三つの宗派に分かれた。臨済宗、曹洞宗に次ぐ規模を誇り、京都府宇治市の万福寺を総本山とする黄檗宗は、山号を黄檗山とし、一六五四年に日本に招かれた隠元隆琦《いんげんりゅうき》（一五九二－一六七三）が説法を行ったのが始まりである。

隠元は福建省福清市万安郷に生まれ、一六二〇年に故郷である黄檗山の万福寺で出家した。一六三四年には臨済宗三二世の直系となり、一六三七年には黄檗山万福寺の住職となった。一六五四年七月五日、三〇人以上の弟子を連れて長崎に到着し、翌日は福興寺に滞在して教えを説いた。一六五八年には、江戸幕府四代将軍・徳川家綱に迎えられ、一六六〇年には後水尾天皇の帰依と褒美を受けたという。翌年には、徳川家綱の庇護のもと故郷の黄檗山万福寺名から取った寺を開山・建立した。一六七三年四月一日、法皇から「大光普照国師」の称号を与えられ、四月三日に八二歳で遷化した。

黄檗宗は開宗以来、臨済宗の流れを汲み、禅を基本とし、自己鍛錬を重視して「自心の悟り」を目指した。その教えは簡単で実践しやすいものとなっている。一方で、儒教を取り入れ、「己立たんと欲して人を立て、己達せんと欲して人を達す」「自己の欲せざる所は人に施すことなかれ」と提唱した。またこの哲学に基づいて、百年計画で人材を育成した。例えば、僧院の創設から一三代目の住職までは全員が中国人だった。その後、日本人の住職が任命されたものの、経は唐語で読まれた。明朝末期から現代までその儀式は受け継がれている。

隠元は個人的に二三人の後継者の法嗣を育てた。その中で日本人は、龍渓、独照、独本の三人だけだった。隠元に続いて日本に滞在した中国の禅師には、即非如一、慧林性機、独湛性瑩、大眉性善、南源性派、独吼性獅がいる。また黄檗宗の後継者を作るため隠元禅師もまた、『隠元禅師説話集』一六巻、『普照国師広録』三〇巻、『黄檗隠元禅師雲濤集』一巻、『弘戒法儀』一巻、『黄檗山寺志』一巻、『黄檗清規』などを残し、法を書き伝えている。

隠元は生活技術をはじめとする明代の先進的な文化や科学技術、建築や庭園、食や薬などを生活技術の面から普及させ、人々の問題を実質的に解決し、生活の質を向上させた。それから三〇〇年経った現在でも、四月三日は「隠元の日」として、同日に亡くなった隠元師を偲び、隠元師が伝えた豆やスイカ、精進料理で感謝の気持ちを捧げる。その他に黄檗山万福寺周辺には黄檗駅のほかに、黄檗公園、小中学生のための学校である黄檗学園、黄檗病院、黄檗霊園、黄檗料理、黄檗定食、黄檗パンなどの黄檗関連のものがある。そして宇治川に架かる橋などがあり、黄檗宗派への感謝の気持ちが反映されている。

隠元が異国の日本で黄檗宗を開いたのは、現地の生活に根ざした大衆的な説法を意識的に選択したからである。例えば母国で親しまれていた茶製造を普及させ、煎茶道という新しい流派を生み出した。そのため、全日本煎茶道連盟の歴代会長は、黄檗山万福寺の管長が兼任してきた。寺院内には連盟の事務局も設置されている。二〇一七年の統計によると、現在、煎茶の流派は三六流派あり、日本全国に会員がいる。人々にお茶を飲む楽しみを通して、説法を社会生活の枠組みの中に浸透させるためである。これは国境を越えた初めての行いであった。今日の言葉で言えば、これは異文化交流の成功例であり、今日学ぶべき知恵がある。

隠元の集団が日本社会のあらゆる階層の発展に貢献し、衰退していた日本の禅界の新陳代謝を促進させた。同時に日中文化交流における大きな功績を遺した。その結果、日本全国の人が隠元だけでなく、黄檗宗の教義や黄檗文化を受け入れることとなった。日本の皇室から六回にわたって封号を授与されている。隠元は最初の授与の翌日に遷化したが、五〇年ごとに皇室から諡号が賜ることが慣習となっている。

一六七三年四月二日に後水尾天皇から大光普照国師を特諡した。

一七二二年に霊元上皇から仏慈広鑑国師を特諡した。

周恩来が座ったとされる石

田中智誠氏に案内されている。
2021 年 7 月 14 日

万福寺の長廊

万福寺の入口

一七七二年に後桜町天皇から径山首出国師を特諡した。
一八二二年に光格天皇から覚性円明国師を特諡した。
一九一七年に大正天皇から真空大師を特諡した。
一九七二年に昭和天皇から華光大師を特諡した。

二〇二〇年の宗教年鑑によると、現在、日本には黄檗宗の寺が四五一寺あり、七五、七一九人の信者がいる。日に日に変化していく時代の最先端を行くのが、この黄檗宗である。隠元が日本に行って黄檗文化を作った過程も、フランスの学者レオン・ヴァンデルメールシュが定義する「文化の超越」の実践と見ることができる。禅宗の道を選んだとはいえ、異国でその土地の人になるまでの道のりを支えた知恵や方法には、中国文明の影響があった。

二〇二一年七月一四日、筆者は五度目の万福寺を訪れ、黄檗研究所副所長の田中智誠氏の紹介で、周恩来が万福寺を訪れた事実を確認した。その頃の老僧は、生涯を通して風貌堂々の青年周恩来に出会えた「縁」を大切にして心に秘めとどめ、決して口に軽々しくしないことを通したと言う。

興味深いのは、明朝崩壊後、反清朝の旗を掲げて明復興を唱えた数万人の明の生き残りが、生活のために海外に逃れ、日本や東南アジアに明の文化のルーツを残そうとしたことである。しかし国の復興が望めないという現実を知った彼らは、異国の地に溶け込もうと努めた。

明朝末期から清朝初期にかけて、隠元が京都に来て黄檗宗を開いてから、万福寺は同時に、日本に定着しつつあった中国世界の精神的な拠り所となった。異国の地に降り立った中国文明の象徴として、また日本の社会・文化の新たな進歩をリードしたリーダーとして、隠元は鑑真と肩を並べる存在であった。隠元を追って日本に渡った高泉はまさに新時代の継承者であった。また、清朝末期から日本に滞在していた中国人留学生たちも、黄檗宗の旗の下に合流し、同時代の興中会、同盟会などと交流していた。このことは、周恩来も聞いていただろう。彼の日記には華僑コミュニティとの接触が記されている。彼の教科書には万福寺や隠元が取り上げられ、同時に嵐山の大悲閣千光寺や高泉も記録されている。

周恩来の考察：琵琶湖疏水と円山公園

一九九三年に出版された『周恩来の外交活動に関する出来事』（中国外交部外交史研究室編集）では、「一九七一年一月二九日、午後九時二五分、人民大会堂の福建ホールで郭沫若副委員長が日本卓球協会の後藤鉀二会長と面会した際、周恩来がこう語った。〈私は一九一七年九月から一九一九年四月まで一年半日本にいた。私は、多くの場所に住んでいました。引っ越しばかりでした。誰かが私に本を送ってくれましたが、そこに書かれたのが、推測の範囲でした。私が日本に行った直後、ロシアで十月革命が起こりました。中国に帰国した直後、一九一九年五月四日に「五四」運動が勃発しました。十月革命から「五四」運動まで、私は日本にいました。十月革命の紹介を、日本の新聞でいくつか見ました。そこではボリシェヴィキは「過激な党」と呼ばれ、赤軍は「赤軍」と呼ばれていました。日本を発つ前、神戸で船に乗り込み、桜が満開の時に京都に一カ月滞在しました。洞窟を通り過ぎ、舟で琵琶湖に行きました。琵琶湖はとても美しいです。現在、琵琶湖が汚れて魚がいなくなったと聞きました。これは公害です。〉」

この一節は、周恩来の留日生活の実体を後世に提示した。内容はミニマルではあるが、残されていた珍しい「口述ドキュメンタリー」とも受け止められる。実はこの示唆を受けて、周恩来の京都探訪の足跡を考察し、周恩来が残した「雨中嵐山」などの詩作の舞台を、留日中の教科書の考察に向けたのである。

周恩来が琵琶湖への旅を選び、数十年後に再び言及したのは、あの山と水の美しさを物語っている。琵琶湖を選んだことには深い意味があるはずで、琵琶湖に行った後に嵐山に行ったの

円山公園のひょうたん池

ではないかと考えられる。

周恩来は、禹の精神を実践した角倉了以を実地視察した後、角倉了以が晩年に琵琶湖を開発しようとしたが、生前にはなかなか実行できなかったという事実も調べている。後世のこの開発の成功は、古代の先進科学である禹の浚渫式治水技術に続く近代治水技術をはっきりと示している。

角倉了以の伝記は、一八九七年（明治三〇年）に権威ある少年雑誌『少年世界』に「治水長者」として掲載された。これは角倉了以が当時の模範的人物であり、特に若い人たちの間で広く勧められ、崇拝されていたことを示している。伝記が出版されてから二〇年後の一九一九年でも、角倉了以の模範的な姿は依然として輝きを放っており、蔵書愛好として知られる日本の分野でこの雑誌は大切に保存されている。周恩来は国語の教科書で角倉了以に出会い、意識して情報を求めたのだろう。日本社会、特に若者の間で模範となった人物は、「他山の石」となるからである。

琵琶湖は日本最大の湖である。中国最大級の洞庭湖（湖南省）の四分の一ほどの大きさだ。しかし十分に広い。そこから京都へ水を引く「琵琶湖疏水」は日本初の近代的大型土木事業で、設計から施工まですべて日本が独自に完成させたものだ。二〇年近い労苦の末、一八八五―九〇年の第一期に続き、一九〇八―一二年にようやく第二期が完成した。「琵琶湖疏水」の完成は、京都およびその周辺地域における水力発電、水運、灌漑、都市防災、衛生・環境保護、生活用水の供給を確保し、日本国内初の営業用水力発電や電気鉄道の誕生にも貢献し、各家庭にも電気を届けた。当時の京都の近代化発展を支えただけでなく、今なお地域の人々の生活を支える重要な役割を担っている。

一方、同時代の天津では、租界などの特殊な地区でしか電灯が使われておらず、周恩来の母校の南開中学周辺を含め、大部分の地域ではまだ灯油ランプを利用していた。この差が、現状を変えたいという周恩来の決意を促した。彼は琵琶湖疏水の水力発電所など関連施設へ何度も見学に訪れた。このことは一九一九年四月に書かれた「遊日本京都円山公園（日本京都の円山公園に遊ぶ）」と「四次遊円山公園（四度円山公園に遊ぶ）」という二つの詩から分かる。

南禅寺内の水路閣

白髪神社・琵琶湖

一八八六年に開園した京都市東山区にある円山公園は、京都で最初の都市公園で、国の名勝に指定されている。園内の人造湖と噴水は、琵琶湖疏水によって誕生したものだ。周恩来は前述の「遊日本京都円山公園」という詩で、人造湖のほとりに柳が弱々しげに立っている景色を描いた。また、「四次遊円山公園」の中には、「灯火熄、游人漸漸稀、我九天西京炎涼飽看（明かりが消え、観光客も少なくなり、私は九日間で京都のさまざまな場所を見学した）」という詩句がある。ここから、周恩来は京都に到着してから九日間で、四回も円山公園を訪れたことが分かる。それほど頻繁に行った最大の理由は、円山公園が琵琶湖疏水の関連施設を見学する際に必ず通過する場所だからだ。

円山公園の近くには、一二九一年に亀山法皇が開基した臨済宗の名刹・南禅寺がある。境内に入ると、赤れんがで造られた壮大なアーチ型橋脚の空中水路・水路閣が見える。これは琵琶湖疏水の代表的な建物の一つで、西洋の様式を採用しているが、古寺の景観とよく調和しており、違和感がない。一八八八年に完成した水路閣は、南禅寺の中を通る必要があったため、同寺は数百本の古い松を伐採して土地を提供した。そうして無事に水路の流れの変更が実現した。近くの円山公園にも、人造湖と噴水が造られた。

アジアで最初の自己設計で完成した琵琶湖疏水工事のシンボルである水路閣に立ち、疏水工

近江巳記夫氏と著者

事が人々にもたらす恩恵を目の当たりにしたことは、彼が中国に帰国した後に水利工事を推進する際の参考になったに違いない。

現在も琵琶湖は京都の水源として、水力発電事業とともに京都市民の生活を支えている。

二〇二一年一一月七日、周恩来の琵琶湖への思いを聞いた「証人」にめぐり会えた。八六歳を迎えた科学技術庁元長官の近江巳記夫である。一九七二年五月、公明党第二回訪中団のメンバーとして近江氏が周恩来に会った。当時、周恩来がメンバーの一人ひとりに声をかけた中で、近江氏に非常に懐しく語らった。

「お名前から見れば、君は滋賀県の出身だろう。琵琶湖は美しい！　新緑の頃、櫻満開に柳揺れ動く中、私は琵琶湖へ行きました。」

当時三六歳の近江氏にとって、七三歳の周恩来の語りぶりが身内のようで、感慨無量で言葉が詰まった。

筆者に大切な宝物・周恩来との「握手」写真を渡しながら、近江氏の目は潤んでいた。

他方、王泰平著、福岡愛子監訳『「日中国交回復」日記　外交部の「特派員」が見た日本』(二〇一二年、勉誠出版)が中国側の証言となる。同書には日中の国交回復交渉の糸口をさぐるため、中国外交部の特殊使命を受けた外交官／記者・王泰平が残した一九七〇-七三年の東京滞在日記を収録する。「国交回復の舞台裏」を見つづけた男による日中交渉の一級資料とされるから、著者に特に周恩来の琵琶湖の思い出について訪ねた。上に述べたように、琵琶湖が周恩来に深い印象を与えたという。

周恩来は、一カ月間の京都視察旅行で、日本が古来より両国が共有してきた禹の精神を用いて近代的な水力発電事業を完成させ、日本人がアジアに先駆けて近代化された生活を送っていることを目の当たりにした。これは漢字圏の知恵を引き出すと同時に発揚し、それをもとに社会を変革した参照事例とも言えよう。

周恩来の考察：「大同」年号と大覚寺

嵐山には嵯峨天皇（七八六－八四二年）の離宮を前身とする大覚寺があり、境内の大沢池は中国・湖南省の洞庭湖の景色を模した日本最古の中国式庭園である。大覚寺は周恩来の学んだ教科書にも何度か登場している。奇しくも嵯峨天皇の在位中の年号「大同」も、『礼記・礼運』にある「大同」に由来する。

漢学を修め、書道にも精通していた嵯峨天皇が選んだ年号「大同」が、周恩来が抱いた理念であった。一九一八年二月一五日の日記には、〝進化の軌道に乗って、大同の理想に最も近いことをすること〟と明確に記されている。大同は、若き日の周恩来の信念の拠り所であり、理想の方向性であったことが再確認できる。大覚寺を訪れたのは、初心を見つめ直すためだけでなく、日を追うごとに進化していく大同の叡智を求めたかったからである。

ちなみに、大同元年（八〇六年）に唐から帰国した空海に、嵯峨天皇が真言密教の拠点として高野山を下賜する旨勅許を賜った。また空海が唐の治水手法を参考にした「余水吐」により、八二一年に「満濃池」、八二五年に「益田池」の完成を率いた。いずれも古代における最先端の治水工事であった。「益田池碑銘幷序」で空海が「前堯後禹」を記した。「大同」を実現するための実践とされる治水が、空海によって行われたように、大覚寺には「弘法大師の井戸」が設けられている。

空海のリードのもとでつくった満濃池（香川県仲多度郡まんのう町）

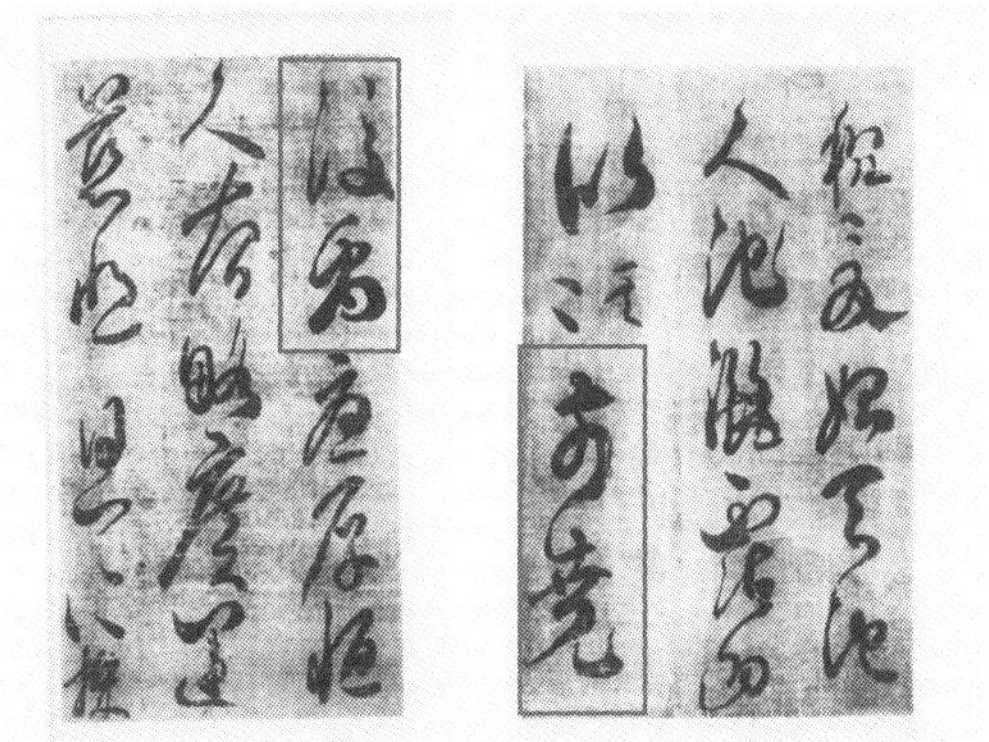

大和州益田池碑銘・空海の直筆「前舜後禹」（益田池は現存せず）

さて、嵐山一帯に集中する土木事業家・角倉了以の銅像などは、中国の夏王朝の王・禹の治水精神の象徴であり、大同の理想が反映されている。これらは漢字文化圏の「大同の世」への賛同を物語っている。またこの賛同は、日本が古くから漢字を輸入して使用し、数千年にわたって漢字が持つ文化を吸収し続けた過程の中で築かれている。

周恩来は、日本滞在や嵐山訪問の実地体験をもとに、新中国の成立後、日本の友人たちに何度も中日の「同文」について言及した。この時、周の頭には、京都や嵐山、そしてそこで出会った人物が結ぶ歴史の映像と、本能的に現れた「大同」の要素が再び浮かんだことだろう。特に、実際に琵琶湖の疏水事業などを調査した後、周恩来は中国を変革し、日本で学んだことを生かす自信を一層深めたにちがいない。

「大同」につなぐ「一点の光明」

周恩来は一九一九年四月、日本で学んだ「新しい思想、新しい事物、最新の学問」を胸に、京都を遊学する中で「雨中嵐山」などの詩を書いた。これらの詩は、周が当時、救国の道を探し求めた心の軌跡を考証する上で重要な文字による根拠である。また、受験の失敗などの挫折を乗り越え、「大同の理想」を貫いた本音が表現されている。「雨中嵐山」の詩を通して、二一歳の周恩来の帰国前の心の声を聞くことができる。

（前略）瀟瀟雨，霧蒙濃
一線陽光穿雲出，愈見姣妍。
人間的万象真理，愈求愈模糊
模糊中偶然見着一点光明，真愈覚姣妍。

雨濛々として霧深く
陽の光雲間より射して　いよいよなまめかし
世のもろもろの真理は　求めるほどに模糊とするも
模糊の中にたまさかに一点の光明を見出せば
真にいよいよなまめかし
（訳・蔡子民）

この詩を、嵐山に立つ「雨中嵐山」詩碑に揮毫したのが、周恩来の戦友・中日友好協会会長の廖承志である。現在、その原文が嵐山付近の内田病院のロビーに架かっている。二〇二一年一一月七日、私が病院を訪ねて確認してきた。

「雨中嵐山」及びその詩碑について、詩碑建立時に周恩来夫人鄧穎超（一九〇四－一九九二）の通訳を務めた大阪府日中友好協会副会長戸毛敏美さんに取材した。戸毛女史は周恩来にも直接会った才女である。以下の記述は女史に語られた内容による。

「一九七九年三月五日、嵐山でこの歌碑の除幕式が開催され、私が日本側の通訳を担当しました。

当日は前日の夜から一晩中しとしとと雨が降り続いていました。私たち実行委員会のメンバーは「うあ！歌詞の通り、雨中嵐山だな！」と言いながらテントを張り除幕式を迎えました。でも雨はずっとしとしとしととと降り続いておりました。ところがいざ鄧穎超女史が挨拶する段になると途端に雨がぴたりと止みました。鄧穎超女史はテントを出て一歩歌碑に近付き挨拶をし始めました。二言三言話終えた時に奇跡が起きました。突然雲間が切れ陽光が差し込んだのでした。鄧穎超女史は早速原稿を読むのを止め〈皆さんご覧ください。私たちの心が恩来同志に通じたようです。今太陽が現れ私たちを照らしています。これは中日両国人民の友好の前途が限りなく明るいことを象徴するものです。〉と話されました。」

日本留学について、戸毛女史が直接に周恩来から聞いたことがある。

「周恩来先生のお話では、彼は〈日本はなぜ近代化できたのか知りたくて〉一九歳で日本へ来たそうです。先ず日本語を学ぼうとしたのですが、なかなか身に付かず……。日本に来た多くの中国の青年たちは、国辱二一カ条を日本政府が清朝政府に突き付け、それを時の政府が受け入れたことを抗議していたので、周恩来先生は落ち着いて日本語を学ぶ状況ではなかったようでした。

皆はやはりフランス革命のように下から政権を打倒さなければならないのではという討論が盛んになされていた。周恩来先生は京都に来ましたが、多くの日本人から〈あんな戊戌変法ではダメだよ。明治維新も鳥羽伏見の戦いの例のように、下級武士が立ち上がって徳川幕府を倒えたからできたのだよ〉と言われたそうです。そこで、自分はどうすべきか迷って嵐山で考え、そうだやっぱり日本の明治維新やフランス革命のように下から政権をひっくり返さなければならないのだ、と気付いたそうです。そこで周恩来先生は神戸から帰国後、中国の五四運動に参加し、パリへ向かい鄧小平等と会い、共産党に入ったそうです。

私は中華人民共和国の総理になられた周恩来先生を日本にお迎えしたかった。残念ながらその夢は実現できませんでした。」

日本に別れを告げた後、周恩来はマルクス主義という「新知識」を学びながらそれを生かし、中華文明とマルクス主義を結び付ける歴史的な開拓を生涯かけて実践した。日本で学んだ時に見つけた「一点の光明」は、常に「大同」の初心とともに永遠に周恩來の心に残った。だから、最期の時まで周恩來は日本の満開の桜を気にかけていた。なぜなら、彼が受けた「大同」の要素は、東の隣国の桜でもほころび始めていたからである。彼が生涯にわたり奮闘した原動力は、かつて「一点の光明」を感じた嵐山から生まれ、彼が提唱した中日の代々にわたる友好も、新時代の大同理想を開拓する探求が込められているに違いない。

今日、急速に変化している中国を見ると、世代理想の「大同」の前段階である「小康」社会の基本的完成を迎えている。周恩来は、きっと微笑んで眺めているだろう。

三木内閣の官房長官だった政治家・井出一太郎氏の自宅にある孫文が書いた「大同」の書

第三章　嵐山に禹魂

一九一九年四月五日、周恩来は日本での留学生活を終え、帰国を前に雨を押して京都の名山・嵐山を訪れた。周恩来が雨の嵐山を二度も訪れた理由と周恩来の家系及びのちの対日外交の生涯から考察したい。

嵐山の「禹」に出会う

嵐山の名所・渡月橋から千光寺までは徒歩で四〇分以上かかる。筆者も何度もこの道を往復した。周恩来の足跡をたどるため、あえて雨の嵐山を歩いたこともある。嵐山と千光寺を歩き渡り、お寺の中を訪れるだけで丸一日の時間を費やした。このお寺には江戸時代の大儒学者・林羅山（一五三八－一六五七）が刻んだ、角倉了以の、禹の如き偉業を称えるための碑文がある。また、お寺の入り口にも二つの石碑があり、こちらにも角倉了以の治水事業の功績への賛辞が刻まれている。

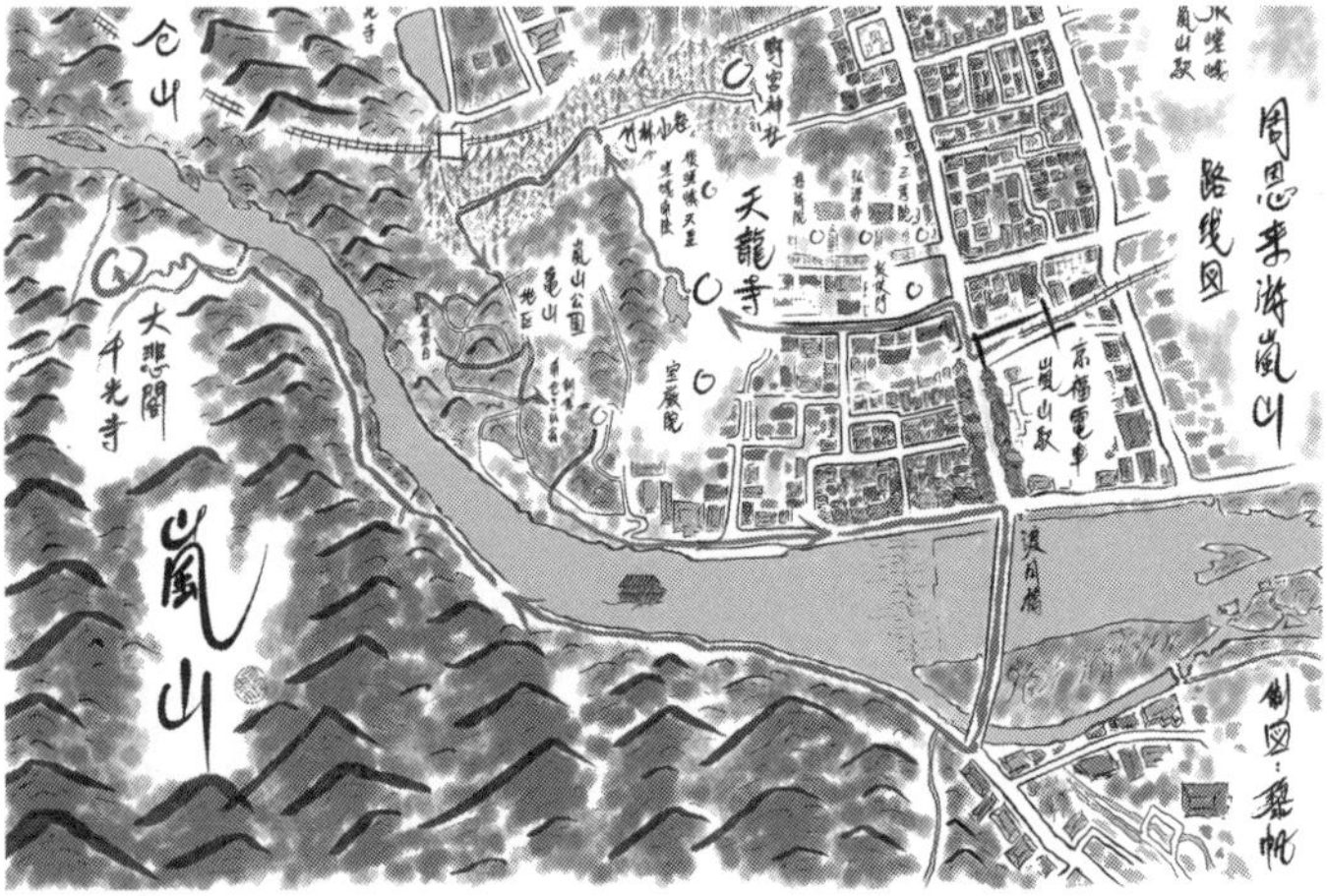

王敏が調査した嵐山のロードマップ

千尺の懸崖、梵宮を搆（かま）えたり
下に地の無きを臨めば一谿通ず
何人の治水、功は禹の如くたらんや
古碣は高らかに鐫《ほ》る了以翁

この詩は、一六七八年頃の『高泉全集』に記載されている。作者は華厳宗の開祖たる隠元禅師（一六三三－一六九五）の弟子・高泉性潡である。一八〇八年に千光寺は黄檗宗に変わり、隠元禅師の「香門瑞現」の題辞が今でも高く掲げられている。

周恩来はもともと治水を担当する家柄に生まれた。六歳のときに母方の祖父の家に移り、祖父の私塾で学んだ。祖父の万青選（一八一八－九八）は准安府の副知事時代に水利を担当する「里河同知」であり、その後徐州府の「運河同知」も歴任し、治水

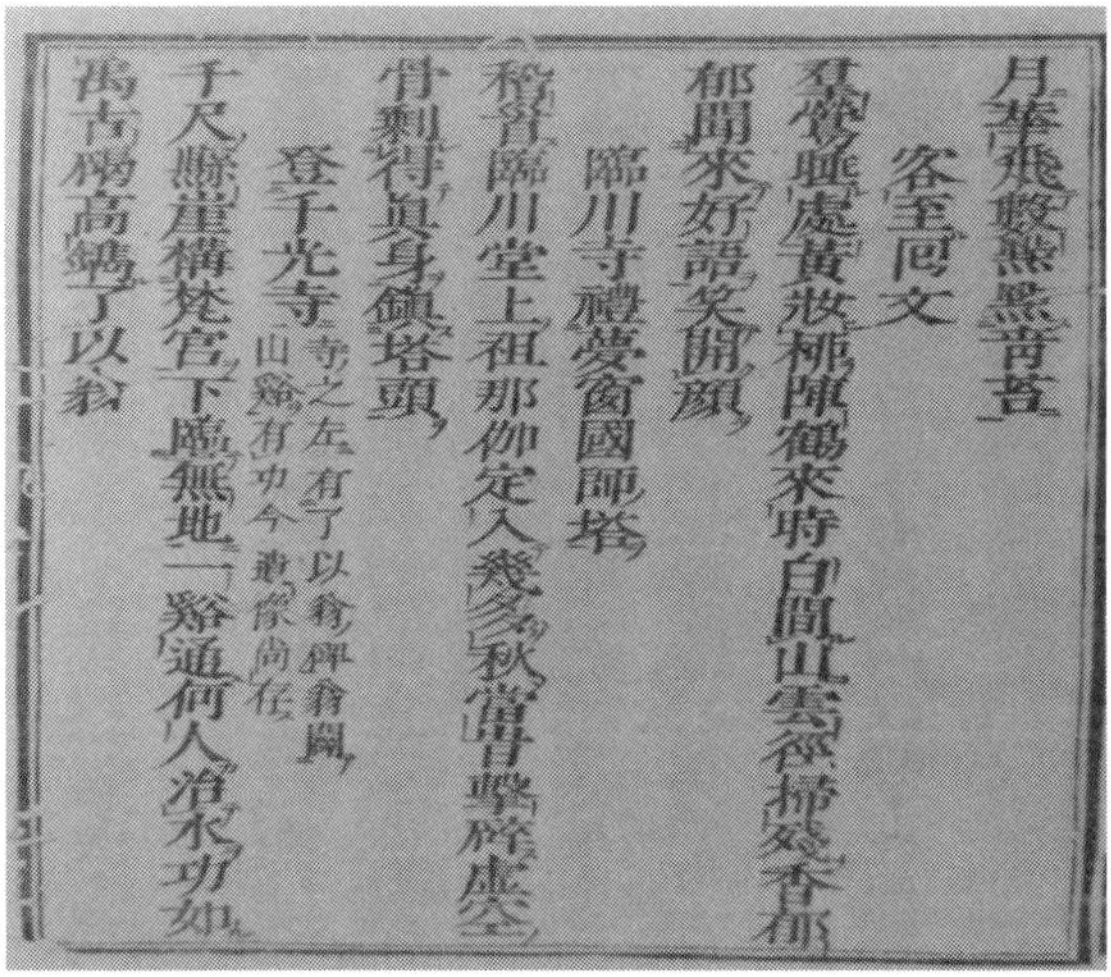
月華飛皎然無音吉
客室同文
夏覺睡處黄妝杯陣鶴來時白眉山雲徑掃殘香郁
郁聞來好語笑開顔
臨川寺禮夢窓國師塔
稽首臨川堂上祖那伽定入幾多秋當日擊碎虚空
骨剩得眞身鎭塔頭
登千光寺 寺之左有丁以翁碑翁與山谿有功今遺像尚存
千尺懸崖構梵宮下臨無地一谿通何人治水功如
禹古偶高鶴丁以翁

高泉の詩

隠元禅師による題辞の入った木彫

の専門家となった。姪の周秉徳さんは、万青選の長男もまた治水に明るかったと筆者に教えてくれた。万家は少なくとも三代にわたって治水と関係していたのである。そのため周恩来は小さい頃から家庭で水に関わる話を聞かされて育ち、禹への知識と理解を蓄えていった。南開中学在学中に書いたという作文には、禹が九回登場している。

1　「人生において、時ほど貴重なものはない」（一九一四年）
禹は寸陰を惜しみ、陶侃は分陰を惜しんだ

2　「学習の進境についての友人への返信」（一九一五年）
堯、舜、禹、湯、文、武、周公、孔子という名君の名、そして君、臣、忠、孝、公、侯、聖徳という言葉、それに優る道はなく、それに優る書物はない。

3　南開中学十一周年の記念公演の新劇『一圓銭』について記す（一九一五年）
暗然たる我が国（中国）には世を愁い国を憂う声が天地に満ち、国体の改革を呼び変える声はこの禹域に溢れている。

4　「讓歩を主張する老子と競争を主張するハクリスー、どちらが正しいか」（一九一六年）
二千年になんなんとする久しき年月にもかかわらず、未だに些かも禹域の地（中国）を蓋い尽くせてはいない。

5　「誠意が万物を感化することを能うを論ず」（一九一六年）

車を降りて我が為に泣く、禹の誠意が、罪人の心を動かす。桑林の楽で雨ごいをする商湯の真心は、天に届く。

6　「私の人格観」（一九一六年）

禹王、殷王朝の湯王、周王朝の文王と武王も、それによって政治の分野で有名になった。

7　同上

なぜ禹王は車を降りて罪人のために泣き、殷王朝の湯王が雨乞いをしたかというと、自分が正道に背いていると考えて良心が咎めたからである。

8　同上

…四億里四方の面積を占める禹域…

9　「項羽対ナポレオン優劣論」（一九一六年）

堯・舜は禅譲したが、禹は死後に王位を自分の子に継がせた。

周恩来の生まれは江蘇省の淮安だが、本籍は浙江省の紹興である。紹興には今でも禹陵など一二七余りの禹の史跡が残されている。紀元前二一〇年に始皇帝が禹王の祭祀を行ってから、歴代王侯に受け継がれてきた。九六〇年、宋朝の宋太祖によって禹祭は国家的儀式とされた。民国時代には「国祭」に指定され、毎年九月一九日に国を挙げて式典を行うようになった。紹興には清明節に先祖と共に禹を祭る習慣が残っている。

杜世嘉と朱順佐は一九九七年、浙江人民出版社から刊行した『周恩来与故郷紹興』の中で、一九三九年三月に周恩来が先祖参りのための帰郷に際して禹王陵へ立ち寄り、禹王廟の全景を眺めて禹の治水の功績を称えたと述べている。

当時、周恩来は禹王塑像の後ろの壁画に描かれている九つの斧を指して「九つの州の象徴のようだ」と笑顔で語った。その後、周恩来は禹王陵の石碑に刻まれた「禹陵」の三文字の迫力ある筆致に感嘆し、そこで記念写真を撮っている。そして親族や友人と禹王廟大殿に続く百歩禁階でも集合写真を撮った。これらのことは、周恩来が禹に敬意を抱いて記念していたことを示している。

『紹興文史資料』には、当時周恩来が人々に対し「夏禹の治水とは人類の大自然との闘いに投じた最初の一石である。科学が芽吹く時代において大自然を操ることは難しく、中国歴代の統治者たちは皆禹の功績から学ばず、彼らはただ封じ込めるのみで導くことを知らなかったた

禹王廟の屋根に掛けてある乾隆帝の書いた「地平天成」

めに暴君となり、人民の叛乱を受けた。彼らの失敗は運命づけられていたのである」と感慨深く語ったことが記されている。同年四月二日、周恩来は『東南日報』において故郷紹興を懐かしみ、「紹属第三区の行政専員公署政治工作員は女性大隊・少年大隊・青年大隊など多くの知識分子で組織され、共に銭塘江を渡り、敵を攻撃していた。女性が武器を携えて前線へ行くような精神は珍しく、得難いものである。紹興の土地にある民族の精神性は禹王や越王勾践の苦難や闘いに耐える意志を倣ったものだ」と、ここでも禹に対する尊敬の念を表していた。

他にも、周恩来は大殿の後ろの壁にある「地平天成」の大きな四字にも関心を持っていた。それが紹興の有名な書家・李生翁氏の揮毫だと知ると、随行員に名刺を持たせて李生翁氏を訪ねさせ、禹の治水の功績

李生翁氏の「地平天成」

を広めてくれたことへ感謝の気持ちを伝えている。周恩来記念館の資料によると、周恩来は禹王廟の屋根天井に書かれた「地平天成」の四文字に強く感銘を受けた。こちらは乾隆帝の書にあたる。

「地平天成」は「大同」に由来する言葉であり、古来より受け継がれてきたものである。禹の治水事業により農業生産が増え、人々の暮らしが豊かで安定したものになったことは、周恩来の当初の理想と共鳴するものがある。このように、大禹と深い縁を感じたからこそ、周恩来は一九一九年四月五日の清明節に大悲閣千光寺へ赴くことを選び、日中両国で祀られている禹の概念に触れて初心に帰ろうとしたのではないだろうか。

「雨中嵐山」が作られた日付を改めて確認したところ、一九一九年四月五日が清明節だったことが分かった。しかし、一九一九年の清明節は極めて珍しい自然現象のため四月六日に変わっていた。四月五日の嵐山は雨で、情景はちょうど唐代の詩人・杜牧の描く「清明の時節雨紛々」のようだっただろう。若き周恩来の胸には自然と「節句のたびに親族を思う」という気持ちがわき起こり、また異国の趣ある嵐山に感嘆を禁じ得なかった。隣国の嵐山の雨の風景、そして「日本の禹」角倉了以の銅像との邂逅が大悲閣千光寺への興味を大いにそそり、このような偶然が重なって周恩来に「雨中に二度嵐山を訪ねる」という決断をさせた。

そして帰国後の周恩来は一九三九年春、仕事の後に紹興へ先祖の墓参りで帰郷している。そのとき彼は禹王廟で親戚と集合写真を撮り、部下に「地平天成」を揮毫した書道家・徐生翁のもとを訪ねさせている。『尚書』を出典とする「地平天成」は平和な世の中を意味し、中国古代の国家に対する理想を表し、また日本の平成という年号の出典でもある。

続いて、「地平天成」と日本の深い関わりに触れてみる。

日本の禹文化

一九九二年一〇月二六日、日中共同声明の調印二〇周年を記念して、当時の明仁天皇・美智子皇后ご夫妻が初めて中国を訪れ、西安の陝西碑林博物館を訪問された。唐の文宗の時代（八

現上皇陛下と上皇后陛下、西安の陝西省碑林博物館をご視察

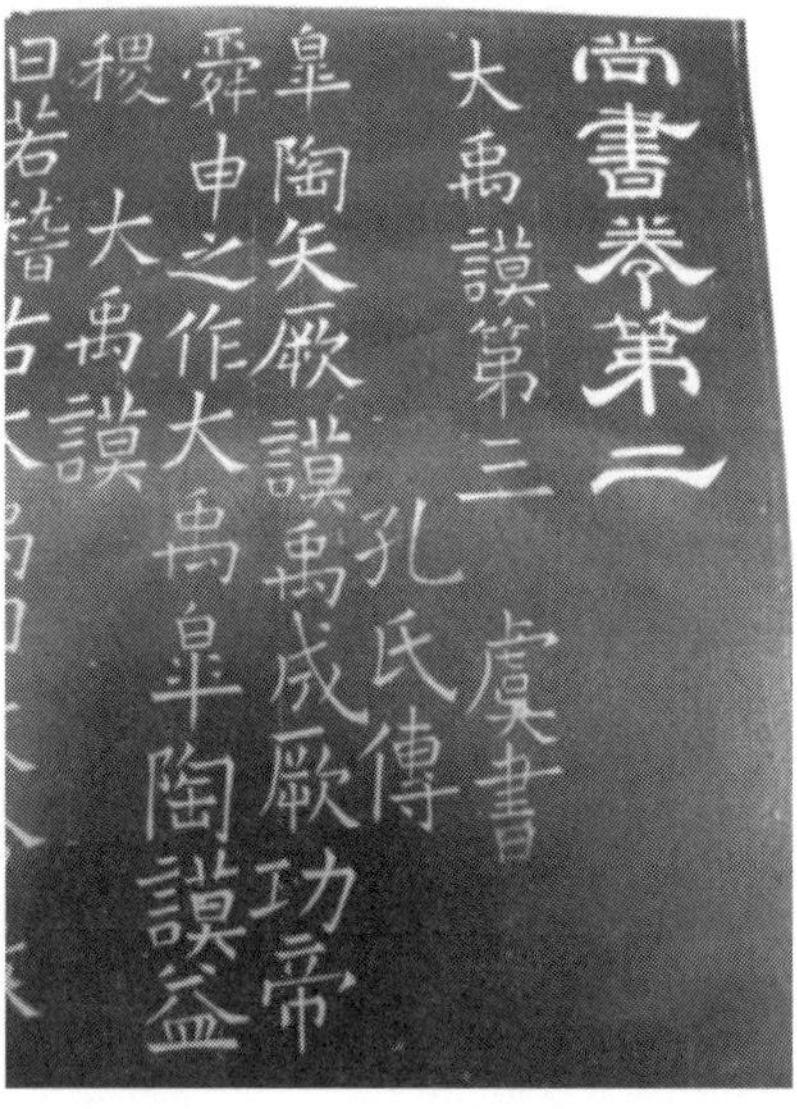

『開成石経』のうち、『尚書』第二巻

継体天皇の石像

神禹の文字が刻まれた碑文
（福井県　足羽神社）

三〇年）に職人が七年にわたり一三の儒教の古典を楷書で彫り上げた『開成石経』は、一一四枚の石板で組み合わされ、全部で六五万字余の文字が刻まれており、現在は陝西省北林博物館の第一展示室に展示されている。その中の『尚書』第二巻には、「大禹謨」と「地平天成」という言葉が記されており、これが日本の「平成」という元号の出典になっている。古くから四書五経を学び、禹のような賢人に倣ってきた日本は、初めての元号「大化」（六四五年）制定以来、中国古典を参考にしてきたのである。

以前私が福井県で調査を行った際、そこには継体天皇（在位五〇七‐五三一年）の大きな石像があった。私は継体天皇を最も治水に貢献された「治水天皇」と考えている。近くの足羽神社には石碑があり、そこには継体天皇の治水事業の過程と成果が刻

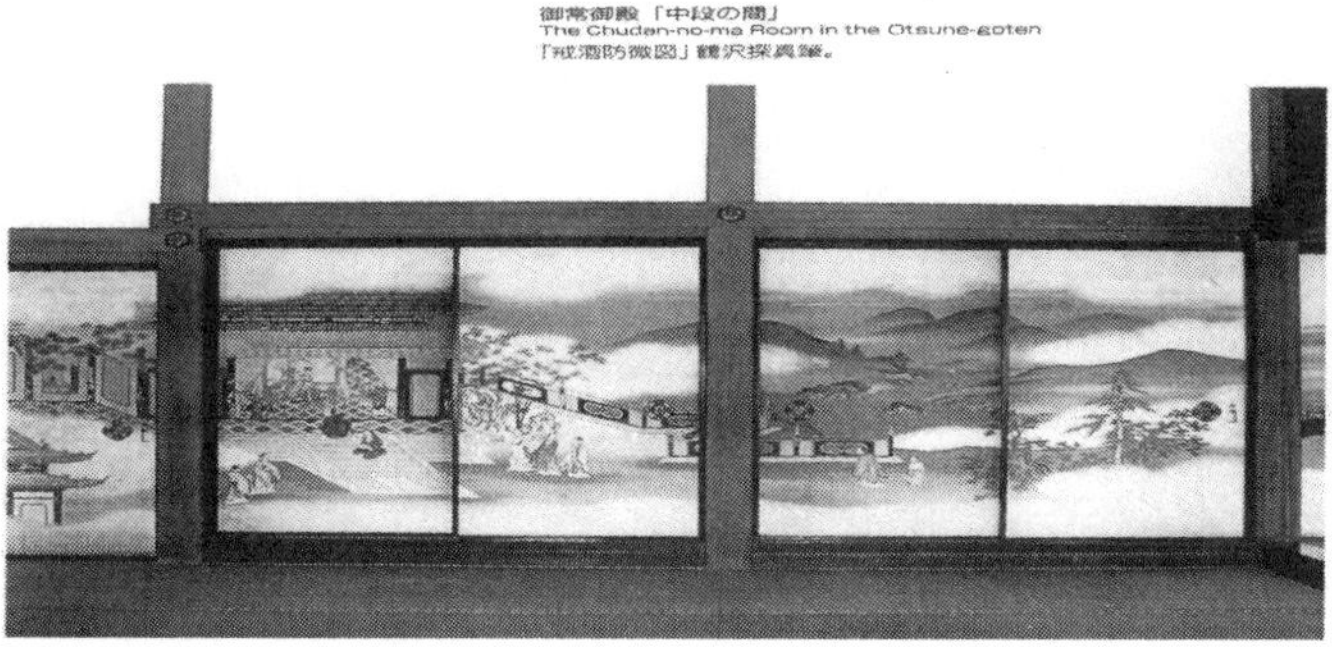

大禹戒酒防屏風

まれている。そしてすべての行為は禹の治水モデルに遡れるとして、碑文には「神禹」と書かれている。他にも、狩野派の画家・鶴沢探真（一八三四－一八九三年）は、京都御所の御殿の襖に江戸時代の名画『大禹戒酒防屏風』を描いた。天保にこの絵が描かれて以降、歴代の天皇がこの名画に見守られながら公務をされてきた。拙著『禹王と日本人』（ＮＨＫ出版、二〇一四年）のカバー帯にもこの作品を使用させていただいた。

私が顧問を務める「日本治水神・禹王研究会」では、二〇〇七年から日本全国の治水痕跡やそれにまつわる石碑などの調査を行っている。研究会の調査資料によると、二〇二二年四月時点で日本全国の禹信仰や関連する遺跡は一六五カ所存在している。日本の禹信仰文化は各地の風土や生活と適合するように形を変えながら、融合と進化によって独自の文化を形成してきた。その結果、中国と日本、両国の文化の特色を

著者が ANA で移動中に偶然出会った和菓子「大禹謨」。

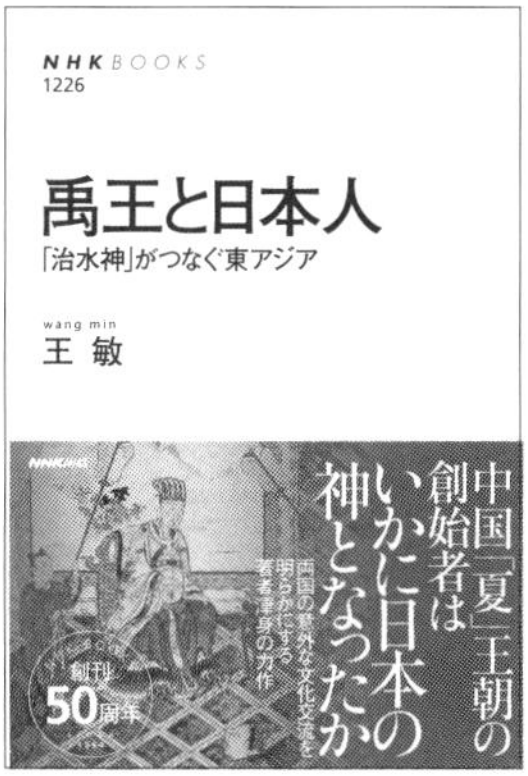

王敏『禹王と日本人』表紙（NHK ブックス）

引き継ぎながら、その意味合いを徐々に変化させ、日本において禹はローカライズされ、治水神としての位置づけを得たのである。

　さらに研究を進めるため、二〇一〇年神奈川県開成町で「第一回全国禹王文化まつり」を開催した。以来、禹の遺物や祭祀がある場所で定期的に開催し、新型コロナウイルス感染症拡大前までに七回の開催実績を積み重ねた。例えば、第三回禹王文化まつりの開催地である香川県高松市には、「大禹謨」と刻まれた石碑がある。この伝承から「大禹謨」というご当地和菓子が開発され、香川県のお土産グランプリで最優秀賞を受賞したほか、全日空の機内食デザートにも採用された。また、二〇一九年には世界的にも有名な浮世絵画家・葛飾北斎の「富嶽三十

日本における禹王遺跡分布図（2012）

高松市内の大禹謨と刻まれた石碑

六景」が日本国パスポートの背景画像に採用されている。そのうちの一枚は山梨県旧鰍沢町近辺の景色を描いた「甲州石班澤」である。ここに描かれているのは「禹の瀬」と呼ばれる、今でも治水の伝説と痕跡が残る地である。このように、私たちは現代に繋がる生活の中に多く禹の存在を見つけることができる。禹は既に日中両国の民間信仰の中に存在し、私たちの日常生活の中に息づいているのである。

ヒューマニズム的詩作

周恩来は一九一九年四月五日に「雨中嵐山」を作詩したのち、再び「雨後嵐山」を書いたと筆者は考える。この二作の内容は一部が重複しており、青年周恩来が雨の嵐山で、最初の迷いから一点の光明を見出すまでを表している。（本書113‐115頁参照）

「雨中嵐山」は、足を進めるごとに景色が変わるという描写方法を無意識に用いている。つ

大悲閣千光寺の古い写真

まり、作者が移動すると風景の観察点も変化していくということだ。このルートも「雨後嵐山」に描かれている。「山あいの雨が通り過ぎると」と「高きに登り遠くを望めば」は周恩来がその日川沿いに歩いたことを表しており、「道の尽きるやひときわ高き山見ゆ」の後、山を高いところまで登り、「青山は限りなく広く」や「ぼんやり暗くなった都市」を俯瞰している。つまり、「雨中嵐山」は白昼に始まり、「雨後嵐山」は夕刻から夜を迎えたことになる。

近景も遠景も一望できる場所といえば、山頂の大悲閣千光寺だろう。この寺を訪れる前に、周恩来は一九一〇年に開通した京福電鉄の嵐山本線に乗り、終点の嵐山で下車して臨済宗の大本山天龍寺と亀山公園一帯を歩いている。亀山公園で偶然角倉了以の銅像を見つけた周恩来は、すぐに了以が晩年を過ご

周恩来（中央）日本留学時の記念写真

した千光寺を見てみようと思い立ったのだろう。しかし時間に限りがあったため、その日は行けず、四月五日の「二度目の嵐山」で願いを果たしたと思われる。

周恩来は嵐山で偶然角倉了以の銅像を見掛け、その生涯を知りたいという気持ちが芽生えて大悲閣千光寺の訪問を思い立ち、「二度目の嵐山」に至った。（第二章参照）

嵐山への観察眼がヒューマニズムによる。「ヒューマニズム」は、周恩来の魅力として欠くことができない要素だろう。周恩来の日本に対する視点だが、日本留学中、総理就任後にかかわらず日本観察はヒューマニズムの視点がベースとなっている。これは周恩来自身が残したいくつかの感想を見ただけでも十分にうかがえる。

周恩来は一九一八年二月四日の日記に「日本に来てからというもの、われわれ留学生は日本人の一挙一動やすべての行為を学びの視点で逐一観察し、注意を払うべきだと感じている。私は新聞を読むのに毎日一時間余の時間を充てている。時間は貴重だが、彼らの国情を常に知っていなければならないからだ」と書いている[5]。

中央文献出版社が一九九〇年に出版した『周恩来外交文選』には周恩来の日本に対する総合的な感想が書かれている。「私は日本で生活していたから、日本の印象がとても強い。日本は非常に美しい文化を有している」[6]

一九五六年一一月六日、周恩来は訪中した日本人客との会見で「この数年、われわれは三、四万もの日本人居留民の帰国に協力してきました。彼らは戦後の期間において、多くの有益なこともしてくれました。彼らのことをとても懐かしく思っています。今、多くの日本人女性が中国で中国人と結婚したものの家が日本にあるため、家族に会いたいと願っています。われわれ両国は既に親戚関係となった国なのです」と語っている[7]。

一九五四年一〇月一一日に日本人と会見したときにはこう言っている。「この百年、日本は経済においても文化においてもわれわれの先を歩き、明治維新を経て日本は工業化し始めまし

1972 年、北京空港にて田中角栄首相（当時）の訪中を自ら出迎える周恩来

た。中国は長きにわたって各方面で遅れています。誰もが中国は悠久の文化を持つと言いますが、それは過去の歴史的に見れば確かに価値あるものでしょう。しかしこの百年において、中国は確かに発展から遅れているのです。この八〇年来、中国は西洋文化を学びましたが、その多くは日本を通じて学んだものです。今もご健在で政治に関わる一世代上の人々の多くは日本への留学経験があります。本日いらっしゃっている郭沫若先生はまさに日本留学生の代表的人物であり、（九州）帝国大学で医学を学んでいました。日本文化がわれわれにこれらの良いことを残してくれたことに、われわれは感謝しなければなりません」[8]

姪の周秉徳さんは、筆者にあるエピソードを語ってくれた。一九七二年九月二五日に当時の田中角栄首相、大平正芳外相が訪中したときのことだ。夜通し執務することが多い周恩来は部下にこう伝えた。「生活リズムを田中首相に合わせるから、夜一〇時以降は報告書類を持ってこないように」。早朝五時に起床する田中首相の習慣に合わせたのだ。他にも田中首相の生活の細かいところまであらかじめ把握し、晩餐会では田中首相の故郷の歌を演奏して聞かせて驚きと喜びを与えたという。

これらのエピソードはほんの一部だが、周恩来の日本観に濃厚なヒューマニズムという特徴があることが見てとれる。まさに世の人々に対してヒューマニズムを与えることが日本という異国に対する冷静さと客観性、念入りに周囲を見る柔軟性と多様性を育み、外交における潜在的効果をあげていたと言えよう。周恩来の生涯にわたるヒューマニズムの視点が認識能力を高め、礼節のある国際交流を助けたのだろう。

周恩来と日中共有の禹文化

周恩来は嵐山の角倉了以の銅像、大悲閣千光寺などを訪れ、大悲閣千光寺の本堂にある隠元の筆跡である「香門瑞現」と書かれた木札と、林羅山の碑文に呼応した高泉の禹について詠んだ詩を見ている。これらの出来事が、大悲閣千光寺へと繋がる日中文化融合の道を指示してい

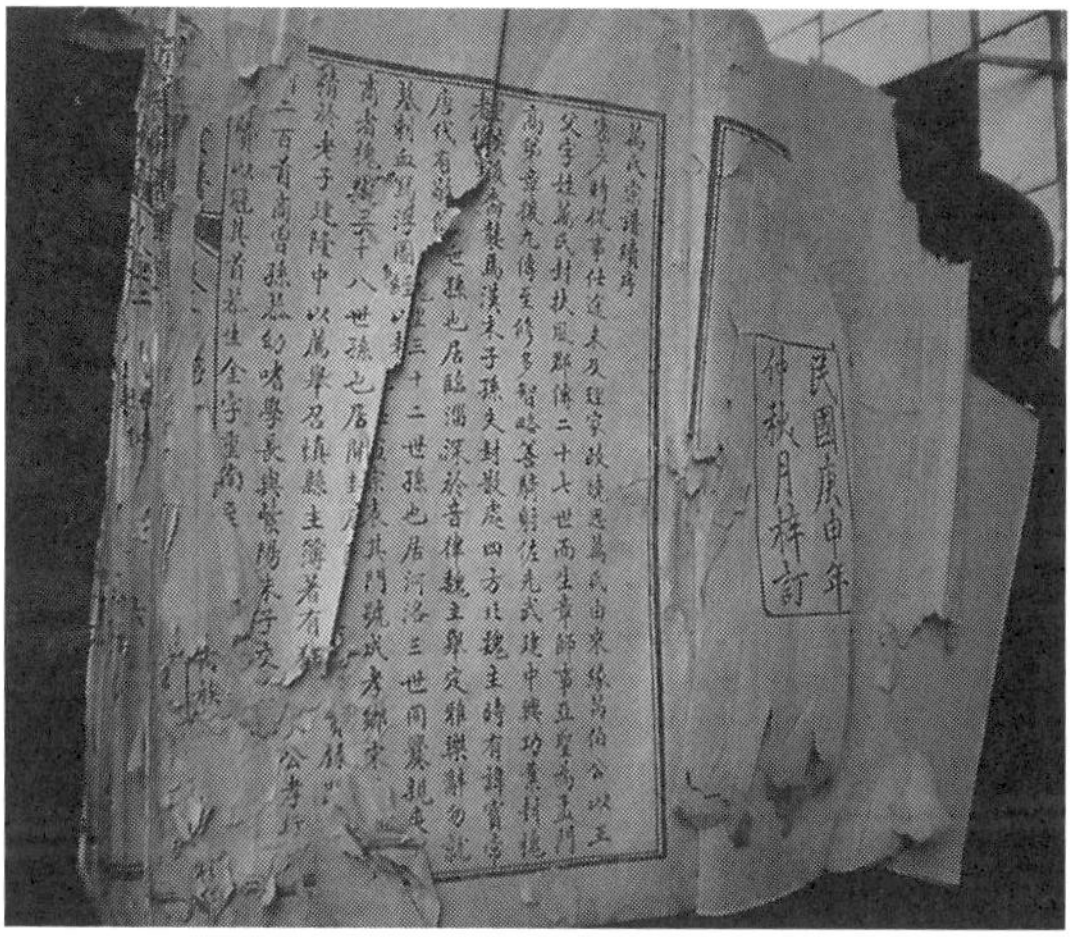

万青選家系図

ることは間違いない。

このことは、周恩来をして淵源を探らせ、禹に特別な愛情を持っていた周恩来の母国への想いを突き動かしつつ、日本の歴史と文化についての考えを深めさせた。つまりそれらに含まれているものと中国文化の交わりに目をむかせた。このような観点から周恩来の嵐山視察を整理することで、他の国とは異なる中国と日本の特別な歴史的・文化的関係を自然に感じ取ることができ、周恩来が禹の精神に格別の思いを持つことも思える。

先述のように、周恩来の母方の祖父である万青選は清の末期に、水利建設を重視する地方官で、清河郡に三回任命され、その長男も父業を継いで水利を専門としていた。周恩来は幼い頃から治水に関する知識を多く学んでいたという。

また、本籍の紹興は、中国の有名な水郷で、昔から水利建設を重視し、禹を祭る伝統がある。紹興には、禹陵をはじめとする、禹に関連する遺跡や史跡が一二〇カ所以上ある。治水と禹は、周恩来の生い立ちに大きな影響を与えている。

よって、周恩来は清明節（先祖の墓参りをする日）前日の四月五日に嵐山の大悲閣千光寺を訪れ、中日両国で脈々と受け継がれてきた禹の精神に敬意を表し、再び初心を固めた。また、日本に根付いた禹の信仰と禹の精神を受け継いで実践した角倉了以は、漢字圏における異なる地域文化の相互浸透と相互接近の代表事例であり、日本が自国の特色を漸進的に発展させる過程で、中国の伝統文化から深く影響を受けていたことも映し出されている。特にかつての日本は漢字文明の教養体系を価値基準の要素に取り入れていった。そして漢字表現は他に類を見ない両国を繋げた独特の絆であった。

以上のことから、上述した考察は禹を中心に角倉、隠元、高泉といった人物のラインが、周恩来の中日関係の資料群となり、後の対日外交の推進と位置づけのための堅固で信頼できる材料であったといえよう。

どうやら、周恩来の「禹魂」が、終生の「道連れ」のようであった。

周恩来in洛陽石窟の禹王台

一九七三年一〇月一四日午後、周恩来がカナダのピエール・トルドー首相を、洛陽の龍門石窟へ案内した。当時、周恩来の健康状態は極めて悪く、身辺に医者が始終ついていた。だが、「禹王池」を見かけると、手を水に入れては微笑んだ。また、北魏時代に建立した賓陽洞の禹王台で、龍門石刻の拓本を求めたく、秘書たちに所持金を集めさせたが、結局定価の五〇〇元に足りなく諦めていた。……これは周恩来の最後の旅になった。禹に最後の挨拶をしたかのように、この旅の記録が『周恩来、最後の六〇〇日』（顧保孜・杜修賢、中国青年出版社、二〇〇一五年、一九七頁）に書き記されている。

豊かな人文学の知識があったからこそ、周恩来は一九一二年に設置された亀山公園の角倉了以（一五五四－一六一四）の銅像に注目できた。

言うまでもなく、禹の偉業は古代の理想・大同の夢を具現化したものである。嵐山の角倉了以の銅像にも大同の要素が浮かび上がっている。潜在的に盛り込まれたものにすぎないが、つまりは大同の概念が無意識的に導入され、継承されていることの証左でもある。これは、日本が古来より漢字を国の文字・国の言葉として使い続けたことで、数千年にわたって漢字文明の文脈が内在化し、共同体内のコンテクストとして浸透したということだろう。日本における禹の受容にも、同様の過程があったと考えられる。周恩来は建国後、嵐山で見聞きしたものをもとに、日本の友人たちに何度も日中の「同文」について語っていた。その心の内側にはきっと、嵐山で見た銅像の姿があったのだろう。

治水の知恵から対日民間外交へ

京都滞在の一カ月のうちに、周恩来は琵琶湖も訪れている。一九七一年一月二九日、周恩来は人民大会堂で日本卓球協会の後藤鉀二会長と会談した際、「帰国前、一カ月京都に留まっておりました。船でトンネルをくぐり琵琶湖へ行きましたが、大変美しかったです」と当時の思い出を語っている。このトンネルは一九一二年に完成した琵琶湖疏水トンネルである。当時、西洋文明に頼らず自力で作り上げた水力発電であり、アジア各国の期待の的となっていた科学による国家発展の模範例であった。同時に角倉了以が成し遂げられなかった理想でもあった。このような視点から、周恩来は嵐山遊覧に続いて琵琶湖の疏水を視察したのだと考えられる。当時、中国の青年たちの間で流行していた「科学で国を救う」という思想の系譜である。こうして周恩来は日本で「中華飛翔」の参考例を視察したあと、大同理想を胸に、それを実践していくため日本に別れを告げて中国へ戻ることを選んだのである。

周恩来の禹に関する認識は、単なる知識にとどまらなかった。彼は禹の品格や精神、方法論などに焦点を当て、禹の国民生活や国家統治、知識を実践的に役立てた貢献に注目した。少年時代に禹と結びつきを持った周恩来は、総理になってからは禹王を文明の開拓者、科学の先駆者と見なし、新中国建設に携わる公務員のあるべき姿であり国民が模範とすべき精神的シンボルであるとした。東洋の伝統的な特徴を備えるリーダーが参考にし、各業種の方向性や方法を指南したのである。日本留学時代に禹について行った考察が支柱となり、周恩来が対日外交をどう進めるかの資料となった。

周恩来は、建国後二年目の八月二四日に開催された中華全国自然科学工作者代表会議の演説で禹が科学の先駆者であると明確に定め、新しい中国を築くために参考すべきものとして、次のように述べた。「我々はこの一生のうちに光明を、幸福を、富強な新中国を見る事が出来ると信じている。新しい民主主義を進み、我々自身と子孫たちが打ち立てる永遠の礎が『大禹なき成功』を作るだろう。大禹の治水は中華民族に福利をもたらした。中国科学者の努力は、必ず大禹以上の功績を生み出すだろう」。また、彼は解放後、二〇年間の最大の関心事は治水と宇宙開発だとも語っている。国を強くし、民に利益をもたらす事業とは、治水と宇宙の二つだからである。さらに、「かつての中国において黄河は制御不能なものだったが、この先の未来ではきっとコントロールできるようになるだろう。そのような壮大な志が必要だ」とも述べている。そのため、彼の遺灰は山東省にある黄河の河口に撒かれた。

次に、嵐山旅行や日本留学の経験から、周恩来は日中関係の特殊性のほかに、特に歴史文化について格別に関心を持っていた。そしてこの切り口から新時代の日中関係を切り開き、適切に導くことができたのである。

外交面においては日中関係の正常化が優先されるべきだという主張もしていた。周恩来は新中国を最初に訪れた日本平和擁護委員会会長・大山郁夫氏に「我々は世界各国との関係性を正常化させるべきであり、その中でも特に日本との関係を回復させるべきだと考えます」と話した。同時に民間が先に立ち、民から政治を促すという外交の新しい路線を提唱している。周恩来が提唱した「人民外交」、「民間外交」の思想の中には、禹の治水手段であった「疏通」の考え方があったのだろう。

記録によると、一九五三年七月一日から日中国交正常化の前夜までの一九年間に、周恩来は日中両国の平和と友好の大義を貫くために、二八七回の日本の賓客と会見し、三二三の日本の代表団と会っている。日中間の民間貿易の再開、取り残された日本人の帰還や戦争賠償の処理など、周恩来は数え切れないほどの先駆的な仕事を行ってきた。これらのことはいずれも三〇年前にも記されていた理念に軌を一にした。「主義とは決して変わることなく、断固としてその主義のために奔走するべきものだ」（一九二二年三月に周恩来が寿泉会の（覚悟社）同志たちへ送った手紙より）。周恩来はこう語った。

周恩来は禹の治水の方法と外交を結びつけ、嵐山で得た考察に日中の共通点を見出した。それは両国が漢字文明という共通の教養枠組みを持つため、各分野に共通認識と共鳴があるということだ。禹を模範とした角倉了以はまさにこの点を証明している。これは他の国や地域には見出せない類似だ。だからこそ周恩来は「雨中嵐山」で「模糊の中にたまさかに一点の光明を見出せば」と書き、新中国成立後の対日外交を指導する際も、あらかじめ胸にあった両国の共通点を指摘できたのであろう。

それらの行動の根底には、日本で学んだことと相通じるものがある。一九一七年の秋から一九一九年の春まで、周恩来は日本留学中に「新しい思想、新しいこと、最先端の学問」を学び、マルクス主義の薫陶を受け、それらを大同理想と融合させる中で、中華文明とマルクス主義を結びつけるあり方を模索した。そして周恩来は、中国独自の社会主義開拓に向けて、揺るがない基盤を作り出した。その遠大な仕事において周恩来の自らの歴史文化の教養、身につけたあらゆる思想の中には必ず禹の存在があり、大同の理想があり、日中の長きにわたる文化交流があり、そして最後には必ず人民外交へと繋がる要素があったのである。

周恩来の姪である周秉徳さん（周秉宜さんの姉）は、一九七四年一二月五日、重病の周恩来が日本の桜を覚えていて、また日本に見に行きたいと言っていたことを思い返す。「日本から帰ってきてもう五五年になるけれど、一九一九年の帰国の際に見た満開の桜を今でも忘れられない」と。それは、彼が大同理想をもって世界文明という森の中で中国が自立する事を固く信じていたからだろう。隣国の開花こそが反証であり、彼が見た桜は「一点の光明」を託す時空であり、彼が生涯探求し奔走する原動力でもあった。そして周恩来亡き今も、彼の親族はしばし日本を訪れ、彼の思いを満開の桜の中に託し、彼の未完の事業を大切に伝え続けている。

「日本とはこの六〇年間向き合ってきたが、さらに二〇〇〇年さかのぼって考える必要がある。日清戦争から数えると日本はわれわれを六〇年間侵略し、中国は計り知れぬ損害を受けた。しかし日本とわが国は一衣帯水の隣国であり、漢や唐の頃からの長きにわたる友好交流がある。日本は人生哲学、経済文化から生活習慣に至るまで、中国とは切っても切れない関係がある。よって現況における日本との付き合いは、譲歩しすぎてはならず、無理強いもならない。譲歩しすぎては中国の民衆が受け入れず、無理強いすれば日本政府が実行できない。よって、『慎重に考え、時間をかけて蓄積し、時が来たら実行する』必要がある。まずは文化やスポーツ、貿易から始め、各々の民間チャネルを開拓・拡大し、広く友人と交わり、民をもって官を促し、細流を大河に変える必要がある。一旦機が熟せば、平和五原則の基本にのっとって、国交正常化の目的を達するであろう」（世界知識出版社『周恩来研究――外交思想と実践』収録の夏衍「忘れ難い教誨」より引用）

「雨中嵐山」の実践

三〇年前に得たこの啓示を外交に活かした一例は、建国後の一九五三年九月のことであった。周恩来が総理として初めて訪中日本人客の日本平和擁護委員会会長・大山郁夫氏と会談した際、明確に中国政府の日本に対する基本的態度を示した。「中国は世界各国との正常な国交を求めていますが、特に日本との国交正常化を願っています」

周恩来と、訪中した内閣総理大臣・田中角栄の会談

続けて周恩来が打ち出した「民間が先に立ち、民をもって官を促す」という具体的な対日外交方針は、自身の対日考察の成果による確固たる信念に基づいている。これは中国の対日外交の正式な幕開けでもあった。周恩来は日本の政治、経済、文化など各界の人士、工業、農業、商業、学術などの各層の人々と広く接触し、経済貿易と文化交流の扉を押し開いた。そして外交方針を半官半民、官民協力の発展という新たな段階へ調整するものであった。統計によれば、一九五三年七月一日から日中国交正常化前夜の一九七二年九月二三日までの一九年間、周恩来は二八七回にわたる日本からの客人との会見、三二三の代表団との会見を行うことで、中国特有の実践的な民間外交のレールを敷いた。

周恩来は長きにわたって現場指導に努め、具体的な外交は指導したが、外交理想について論じる時間はなかった。彼が提唱する民間外交と基本的に一致する専門用語は、後に出現する国民外交、人民外交、公共外交などがある。日本への民間外交の成果を実証する最も説得力のある例のひとつが一九七二年の田中角栄首相の訪中だと筆者は考える。

一九七二年九月二五日、田中首相は周恩来との初めての会見に臨む際、初訪中を次のように位置づけた。「私は長い民間交流のレールに乗って進んできたが、今日ついにここにたどり着くことができた」。民間外交とは日本を対象とした特定の時代の産物であり、連綿と続く両国の関係に導かれた貴重な平和資源である。

「雨中嵐山」の読解と考察から、周恩来が中日両国の特殊な歴史と文化の関係に対して深い洞察をしていたことが分かった。周恩来の日本に対する考えを述べた発言には一貫してある種の智慧が映し出され、対日外交に反映されていた。周恩来が敷いた民間外交というレールの源流は、一九一九年の「二度の嵐山」にしっかりと結びついている。

一〇〇年後の今日、嵐山は依然として中国人観光客に真っ先に選ばれる場所だ。このことはつまり、少なくとも一九一九年以来、嵐山の景観と風情は変わることなく、中国人が憧れた精神的内実は今も輝きを放っていることを表している。

嵐山の光を追って青年周恩来や現代の中国人観光客はどこへ向かうのだろうか。その答えは歩みの先にだけ見えるのだろう。

第二部注

1　岡崎嘉平太（一八九七－一九八九）実業家。日本銀行、丸善石油社長、全日本空輸（全日空）社長などを歴任。日中経済交流推進に取り組み、日本国際貿易促進協会常任委員、日中覚書貿易事務所代表などを務めた。

2　黄花崗起義　一九一一年、広州で発生した反清武装蜂起。中国同盟会成立以降最大の蜂起で、黄興が主導し、華僑と日本留学生を中核としたものであった。

3　武昌蜂起（武昌起義）一九一一年一〇月一〇日に清（中国）の武昌で起きた兵士たちの武装蜂起。辛亥革命の幕開けとなった。

4　厳範孫（生没年不詳）中国の教育者。天津に家塾を開き、一九〇七年に南開学校として開学。さらに一九一九年、天津租界に南開大学を創設。欧米流の近代教育をめざした。松本亀次郎とも交流があった。

5　前掲書三二七頁

6　中華人民共和国外交部・中共中央文献研究室『周恩来外交文選』（中央文献出版社、一九九〇年、九〇頁）

7　中華人民共和国外交部外交史研究室「周恩来外交活動大事記（一九四九－一九七五）」（世界知識出版社、一九九三、一六八頁）

8　前掲書九〇頁

第三部　日中の結び目

第一章　宮沢賢治と西遊記と治水神・禹と周恩来

「混成文化」の再発見

宮沢賢治研究と日中比較文化研究を長年研鑽してきた私が、どうして周恩来研究に目を向けたか？　本書の「はじめに」にすでに述べた以外に、賢治研究の当初から、賢治は『西遊記』を愛読し、孫悟空が治水に功を成した禹王を連想させ、悟空が自在に操った如意棒が禹王のつねに持ち歩いた道具（測量器機能も備わっているシャベル）とつながることに気付いた。その後、孫悟空の探索を続けることが禹王への探求に結びつくことに果てがなくなった。研究途中の課題は、新発見が重なる中で、どう派生していくのか、それは研究作業を進めている私にもわからなくなった。本格的研究の深まりはやがて、禹王を手掛かりに周恩来が姿を現すようになる。意外な発展としか言えない。

一連の予期せぬ連鎖は自己の当たり前の帰結としても整理する必要があった。講演の機会をいただき、整理のよい機会になった。中で記録しておいた。それを整理した内容を本章に充てることにする。悟空から七二変化を遂げた研究の進化をお読みいただきたい。
ここからの拙文は『中国紀行』誌への三回連載「混成文化再発見」（二〇二一年の第22・23・24号）からの転載である。

日中そして日本文化と世界の角度から日本文化の性格と特質を追究していくと、青木保[1]先生という文化人類学者の学説に辿り着く。後に文化庁長官もお務めになられた青木保先生が、日本文化の特質を「混成文化」という定義で提示された。この日本文化の特徴に対する日本人による指摘は、今から約三〇年前に生まれたものの、日本人自身にはそれほど認識されることなく、また検討もされていないと思われる。無論、そもそも「混成文化」の意味についてあまり注意が払われず、考察も足りないような気がする。

「混成文化」を言い換えれば、ミックス文化とも理解される。では、なぜ「混成」という言葉を使ったのか。青木先生によれば、老子の『道徳経』から抽出して充てたそうである。『道徳経』の中には、万物共生という意味での「万物混成」という概念が提示されている。青木先生は岩波書店から発刊された『多文化世界』（二〇〇三年）という本の中で、この言葉を日本文化の特質として活用し、世界に向けて「混成文化」の日本を発信し始めた。

それではどことどこの「混成」なのであろうか。もちろん、特に、明治維新以来戦後に至る日本は、主に西洋文化との「混成」をしてきたが、それ以前には、中国の伝統文化と中国経由の仏教文化と、東アジアの文化との「混成」が、千年単位の蓄積を経て日本文化の基層部を構築していた。外部から見れば、それは生活化されていた。よって、日本人には意識も言語化もされず、生活全般に溶けこんだ当たり前の日常として、伝承して現在に至っている。恐らく、日常化・生活化されるものほど頑固なものはないであろう。混成文化の特徴も不動の如く、今後も存続されていくであろう。

では「混成文化」の現存形態が現代社会の発展に対して、どれほど有用な価値があるのか、その意義はどのように評価、検証されるものなのかを考えていきたいと思う。

実際、明治維新まで、日本の研究者たちは緻密な検証を重ねてきた。明治維新後もその成果は受け継がれ、検証に磨きをかけ続けた。ところが、今の日本は検証にかける動力が減速しているように思われる。その結果、日本の歴史文化への考察に欠落した部分が現れる。それが極めて残念でならない。私は少しでも検証につながるような考察の可能性を探り、無謀とは承知の上で、必死に試みてみた。それについて報告する前に、まずは私自身のことを簡潔に紹介させていただく。

赤いコーリャン畑で始めた日本語学習

私は、一九七三年から七七年の間、大連外国語大学で日本語を学んだ。当時の校舎はとっくに廃舎となってしまった。当時の中国は「文化大革命」の最中で、すべての高等教育機関が閉鎖された。知識イコール罪だった時代だから。そんな中で、周恩来総理の指示に従って、ごく少数の若者が招集され、赤いコーリャン畑の中に小屋を建てて、日本語を学ぶことになった。それは国策の一環・日中国交正常化のための人材育成プログラムの始動だった。日中国交正常化に伴う大規模の交流に備え、「文化大革命」という時世の裏面の施政だった。まだ十代だった私は、そんな国策の意味も可能性も、理解できていなかったと言える。ただし、「馬鹿の一つ覚え」を自覚した。即ちひたすら「学ぶ」ことに専念した。

一九七七年に卒業を迎える頃、文革末期の混乱は深まる一方だった。制度上の大学院は存在せず、人文科学の領域は未開拓の荒野のように、許された僅かの専攻しかなかった。無い無い尽くしの中、建国後、鄧小平の部下たちが始めた四川外国語大学が熱意と勇気あるチャレンジに出た。文革後初の日本の言語と文化専攻の大学院建設の準備段階として、テストクラスが一九七九年の秋に作られたのである。私にとっては、二度目の学ぶチャンスがやってきた。当時、中国全土から一〇名しか選抜されない定員枠に合格するという幸運に恵まれた。今から考えれば、テストクラスの専攻の方向性は総合的な「日本学」であったといえるだろう。日本学を人文科学の領域に位置付けさせたのは周恩来以来、鄧小平を中心とした発案によるもので、文革の中で日中国交正常化の準備のための大学を時代に逆らう形で成立させてから、その後段階である大学院の構想を計画したのだろう。すべては一連の対日戦略思考でつながっていると思われる。

　ともかく私は「テスト院生」になった。そして、そこでふたりの先生に出会った。神奈川県立総合教育センターから派遣された国語研究室主任の石川一成《かずしげ》[2]先生と、四川外国語大学に着任されたばかりの黄瀛[3]先生だった。こうしてふたりの指導教官のご指導の下、私は宮沢賢治を学ぶことになったのである。卒論のテーマにも宮沢賢治を選んだ。当時の中国で、日本語で卒業論文を書いたのは、同期のうち一〇人しかいなかった。論文の紙はもう黄色くなったが、当時の中国では最も高級な、質の良い紙だった。何もなかった時代である。自分で釘を使って装丁した卒論の表紙に修正液の痕が残っているが、それは、石川一成先生が日本からお持ちになったものだった。それを借りて、使わせていただくことになったのだ。当時は「修正液」という言葉もなく、そのものもなかった。今から見ると大切な記念になった。約四〇年近く前の、宮沢賢治との出会いを記録した論文になった。

黄瀛先生は、日本の新人賞を受賞された詩人だった。一九三〇年代、日本語で書かれた詩集二冊を日本で発刊された。『景星』と『瑞枝』である。新人賞を受賞された時には、草野心平なども候補にあがりながら、落ちてしまったそうだ。そして黄先生が一位で入選された。どうして、あんなに日本語がお上手だったのだろう。実は、先生のお母様は明治維新末、日本政府と清王朝の約束で、中国の女子教育の支援として大陸で教えていた教員だった。太田喜智[4]という千葉県出身の方である。これはもう一つの物語になってしまうので、また別の機会にお話しさせていただきたい。

さて、黄先生は一九三〇年代には日本で名が知られた有名人になったが、戦争で中国に帰ることになった。その後長年、牢屋で生活することを余儀なくされたが、幸い文化大革命が終わり、大学院の体制が推進される機運を受けて、黄先生は牢屋から出された。そして、私は黄先生の弟子の第一期生となった。

黄先生は宮沢賢治、草野心平たちと共に同人誌『銅鑼』を発刊されており、帰国する前に花巻の病床にある宮沢賢治を訪ねた。このような縁に導かれて、私の卒業論文は中国建国後に日本語で書かれた最初の宮沢賢治論とされた。中身はともかくとして年代から見れば、間違いなく「第一号」と言える。

宮沢賢治と西遊記

宮沢賢治といえば花巻のイーハトーブセンターを拠点に、日本各地に多くの関連組織がある。私にとって宮沢賢治は人生を導いてくれた、指針となる存在だ。何よりも宮沢賢治の作品に見え隠れする地図が、私にとって限りない知的好奇心をそそった。その地図は、シルクロードへの旅だった。後の私の博士論文のテーマでもある。日本で、宮沢賢治研究の博士号第一号とされたが、おそらく、選んだテーマがよかったからだろう。

私はシルクロードへの旅及びその地図が、『西遊記』に大きな影響を受けていることに気づいた。宮沢賢治の全作品を丁寧に調べれば、気付くのはそう難しくないだろう。たとえば、宮沢賢治は代表作『風の又三郎』の中で大循環の風を描いた。その深層には孫悟空の「筋斗雲」から得たヒントが潜在したと思われる。なぜそう言えるかというと、宮沢賢治が父親に書いた手紙にヒントとなる表現があったからだ。手紙の中で、「一躍十万八千里」飛翔疾駆への思いを訴えた。『西遊記』にある悟空の特技「筋斗雲」一飛びの距離は、「十万八千里」ではないだろうか。

もう一つ、代表作の『春と修羅』という詩集の中で「悟空」の名前が出てくる。「こどもはこんどは悟空を気取り」と、ある。また、孫悟空のポーズについてもさりげなく『月夜のけだもの』という童話の中に活かしている。象は獅子からの教育料を「鼻で受けとって耳の中にしまいました」。「耳」にしまうのは『西遊記』では悟空独自のポーズとセットになっている。その他の事例は省略するが、ここにあげた三つの事例をみていくと宮沢賢治は『西遊記』の細かいシーンまで仔細に咀嚼していたと考えられる。

花巻にブロンズ像「風の又三郎」があるが、そのポーズは孫悟空にそっくりだ。もしかしたらブロンズの制作者もブロンズを鑑賞する人々も、孫悟空と『西遊記』を連想していたかもしれない。恐らく宮沢賢治は『西遊記』のイメージを自分の夢と一体化したのだろう。

続いて孫悟空について触れよう。孫悟空の原型についてはニつの説がある。一つは、インド神話の中のハヌマーンという、スーパーモンキー。この見方を論じる論文がある。もう一つは、中国で代々伝わる古典『山海経』などの伝説に基づくものだ。それによれば、孫悟空の原形は「無支祁」といい、洪水をおこして、人間に多大な災難をもたらした魔物だった。「無支祁」を退治したのは、夏王朝の治水王・禹である。首を鎖でしめて、淮河の底に沈めてしまった。

淮河という川は、江蘇省淮安市にある。この町は、周恩来が生まれた土地でもある。孫悟空の由来について、もしお時間があれば、もう一度『西遊記』を読み返していただければと思う。岩波文庫で『西遊記』全訳版が出ている。宮沢賢治は孫悟空に、「禹」の要素や如意棒のことを加えて作品を彩るキャラクターにした。そして、シルクロードの旅への心象という物語を輝かせた。

それでは、宮沢賢治は本当に『西遊記』を読んだのだろうか。実は、その件について宮沢賢治の弟である宮沢清六さんを何回もお訪ねした。宮沢賢治の作品が今まで守られてきたのも、その弟さんのおかげである。弟さんが「兄の子ども時代からの愛読書は二冊あります。『西遊記』と『アラビアン・ナイト』です。特に『西遊記』が好きで、いつもポケットに入れて持ち歩いていました」と教えてくれた。それを裏付けるため、私は盛岡高等農林学校の図書館に調べに行った。なんと宮沢賢治が在学した時代の『西遊記』が今でもそのまま図書館に保管されている。しかも、それは宮沢賢治の個人蔵書の中にある『西遊記』と同じ出版社、博文館から発刊された「中国四大奇書」の一つ『西遊記』だった。これで『西遊記』が愛読書だったということが言えるだろう。宮沢賢治はこうして、孫悟空と共にシルクロードへの夢を見た。

そこで私は、『西遊記』と宮沢賢治の作品に出てくるシルクロードの地名をピックアップしたうえで、実際の街を調査しに出かけた。そこで面白いことに気づいたのである。宮沢賢治の専攻には地理学が入っている。地理地政について、一般人より詳しいはずである。宮沢賢治が『西遊記』という本をもとに、自分の作品の中で自身のシルクロードへの旅と繋げたことは想像に難くない。実際、ふるさとの花巻は北緯から見ると、シルクロードとほぼ同じく北緯四一度くらいに位置しており、花巻から一直線に行けばシルクロードにたどり着くことになる。このような一直線が宮沢賢治のシルクロードへの夢の道であり、『西遊記』と重なる信仰の旅路でもあったのだろう。こう分析した拙論が、博士論文『宮沢賢治と中国』の一部になった。またこの拙論がたまたま「徹子の部屋」という番組に注目され、生放送で披露させていただいた。さらに研究テーマが「宮沢賢治、シルクロードの夢」という番組に取り上げられ、一九九六年にＴＢＳで全国放送された。一九九七年、この番組がアジア映像賞を受賞し、アメリカで新春番組として放映されることになったのである。

ときどきこう思う。宮沢賢治の研究でお茶の水女子大の博士号を取ることができ、『謝々！宮沢賢治』を河出書房新社から出させていただいた。宮沢賢治に出会えなかったら、こうした一連の収穫は得られなかっただろう。他方、賢治に頂いたもの、啓発されたもの、導かれてきたものを、今後どのように持続的発展にしていくかが、常に目の前の課題となった。

孫悟空と嵐山の「禹」

宮沢賢治研究の進化を求めなければならない。そのための試みとして、孫悟空関係のふるさとを取材しに行った。孫悟空の前身である魔物「無支祁」を治めた淮河流域を歩いた。淮河を流れる淮南市は周恩来の故郷でもあるから、その後、周恩来の日本留学についても地縁的関係を調べてみた。

宮沢賢治から周恩来に飛び込むのは唐突に感じられるかもしれない。しかし周恩来と宮沢賢治は同世代だった。一九一七年の秋から一九一九年の春までは周恩来の日本留学中に当たり、宮沢賢治の上京もその時期にダブる。その間、もし二人が出会えたとすれば、おそらく浅草だったと考えられる。宮沢賢治の日記と周恩来の日記のいずれも、ほぼ同じ時期に、浅草と新橋、または上野あたりが記されていた。偶然とはいえ、出会った可能性もあるかもしれない。しかし裏付けはなく、証明できない。

宮沢賢治が『西遊記』に抱いた夢をふくらませたように、私も周恩来の日本滞在について思いを寄せた。そして調べていくうちに、嵐山とのかかわりに焦点を絞った。

嵐山には周恩来の詩碑「雨中嵐山」が建っている。この詩には注目すべきところが二つある。一つ目は、「雨の中を二度嵐山に遊ぶ」という一行である。帰国直前の周恩来だから、さぞ忙しかっただろう。そんな中で、雨の日に二回も嵐山に行くとなれば、相当の理由があるはずだ。それはいったいどのような理由だろう。それについて、詩の後ろから二行目にある「一点の光明」をみてみよう。「光明」とは、何を指すのだろうか。

結論から言うと、第一回目の嵐山行きは普通の観光客と同じく、名山を遊ぶことだろう。二回目の嵐山に着目しよう。

嵐山の駅を降りた周恩来は渡月橋に向かい、橋を渡って川沿いの小道を踏み、大悲閣千光寺に上った。寺院探訪に至った経緯はおそらく一回目の嵐山に遡れる。その時、嵐山の駅から降りると、大きな銅像が目の前に現れたはずだ。それは、亀山公園の入り口のすぐそばに建っている角倉了以の銅像だった。一九一二年に建てられた銅像・角倉了以は水運の父であり、日本の「禹」と呼ばれている。即ち、無支祁を退治した「禹」をモデルにした人物の銅像である。石板に刻まれている内容によれば、角倉了以の最晩年は大悲閣千光寺で暮らしたそうだ。利水のために亡くなった人々をしのぶ日々を、川を眺められる寺で供養しながら過ごしたとのことである。

大悲閣千光寺には、今も角倉了以の木像が祭られており、治水の道具を手に持っているのは「禹」を意識したからである。『西遊記』では治水道具が後々孫悟空の如意棒になったという。

角倉了以の木像の近くに林羅山が碑文を書かせた石碑がある。林羅山は、角倉了以の功績は「禹」のように高いと称えた。同じ内容の賛辞が、寺の山門の入り口の左右に立つ、大きな石柱にも記されている。誰の治水の功績が「禹」のように高いだろうか、了以翁こそ「禹」の如く、高く称えようではないか、と書かれているのだ。

石柱を書いたのは高泉という人物である。おそらく一六七八年に書かれた詩で、高泉全集に収録されている。高泉は中国人である。清の初め、隠元という黄檗宗の禅師について来日した人だ。私の調べでは、高泉は数か月ほど大悲閣千光寺の住職をつとめたことがある。おそらく、その頃にこの詩を書いたと思われる。

次は周恩来に触れよう。周恩来はなぜ、角倉了以の銅像に心を動かされたのだろうか。おそらく、「禹」の存在だと思う。日本の「禹」と自称した角倉了以から、周恩来はふるさとの、孫悟空を退治した「禹」のことを連想したのではないだろうか。

そもそも周恩来の先祖代々の祖籍は、紹興酒の生産拠点・紹興である。紹興は、生まれた町・淮安の近くにあり、禹のお墓・大禹陵の付近にある。周恩来は日本留学を終えて帰国してから、親族一同を供に禹陵と先祖のお墓に祀った。周恩来がなぜ「禹」に注目したのか。実は、母方の祖父が治水管理の官僚だったのだ。つまり、一族の中に「禹」と深い関連のある人物がいたということが理由なのである。だから、嵐山で偶然角倉了以の銅像に出会った時には、因縁を感じたのだろう。

周恩来と禹

注目すべき二つ目は、古代中国人の夢が、今のように「人類運命共同体」ではなく四文字でまとめられていた「地平天成」である。「地平天成」の理想は禹の治水によって実現できたと考えられている。だからこそ、禹陵にある禹廟の屋根には乾隆帝の書「地平天成」が刻まれているのだ。秦の始皇帝以来、歴代の皇帝が禹陵のある紹興へ祈願に行った。それは、社会の安定と太平のためでもあった。

当時の禹廟の壁にもあった「地平天成」の四文字を眺めた周恩来が、秘書に揮毫した地元の名士に挨拶に行かせたという記録が残っている。「禹廟」は今も存在しており、「禹廟」の屋根には「地平天成」の四文字がある。

三つ目の理由だが、先祖祀りの日に雨が降ると、先祖との交信ができて縁起がいいと言われている。このような習俗が、唐代の大詩人・杜甫の詩「清明」という詩に反映されている。「清明の時節雨紛紛」。教科書に採用されているため、中国人のほとんどが暗記している。美空ひばりの「愛燦燦」という歌詞のように、「雨紛紛」が中国人の琴線に触れる言葉なのだ。
一九一九年四月五日の京都、ちょうど雨がしとしと降っていた。先祖祀りに非常にふさわしい雰囲気だったのである。ところが、一九一九年の清明節は四月六日だ。稀にない自然現象である。周恩来は知っていたのか知らなかったのか、定かではない。ただし、四月六日は周恩来と友人たちの会食会が開かれた。だから、四月五日に嵐山へ行かなければならなかったのである。

周恩来は、治水と関係のある家柄だから、日本に留学する前に作文の中で「禹」を三本書いた。それに関連して、角倉了以が実現できなかった琵琶湖の疏水を見学した。周恩来はこう言った。「私は、帰国前に京都に一ヵ月ほどいました。船に乗り、洞窟を通り抜け、琵琶湖へ行きました。琵琶湖は大変美しいですね」

琵琶湖は、一九一二年に完成した琵琶湖疏水のトンネルが観光の名所になっているだけではなく、治水、「禹」に関心をもつ周恩来にとっては日本の現代科学と古代の精神性の併用によって自力で完成させた成果でもあった。古来の精神性の有用というところに関心があったのではないだろうか。このように、生活、文化、社会等総合的に日本を見ることによって、周恩来は日本に留学した他の指導者が語ったことのない一面を語ることができた。「私は日本で生活をし、日本についての印象がとても深い。日本は非常に美しい文化がある」と。

周恩来は正式に面会した最初の日本の訪問者にこう言ったという。「私は、世界各国、特に日本との正常な関係を回復すべきだと主張していきます」。総理である周恩来には、外交相手国としてまず最初に日本を考える理由があったはずだ。そこで周恩来は特に「日本との正常な関係回復を主張したい」との声明を出した。その理由を探究すれば周恩来の「持論」に行き着く。周恩来は「日本と中国の間に、人生、哲学、経済、文化、生活習慣に至るまで、中国とは切っても切り離せない関係がある」と指摘した。こうして自信を持って言えるのは、日本で生活し、嵐山で総合的に考察した事実がその裏付けになっている。周恩来はこう結んだ。「歴史上、私たちは互いに文化交流を行い影響を与え合ってきました。つまり正常な往来を行えば、中日の文化交流発展に遥かな前途が開けるのです」

それで、戦犯解放、残留孤児の帰国、日中国交正常化の実現等々、対日政策を打ち出したと思われる。このあたりのことについて、周恩来のご親族、周秉徳さんとも語り合った。周秉徳さんは、二〇一七年一〇月、日中国交正常化四五周年記念の式典を人民大会堂で開催したとき、日本代表の田中真紀子さんと並んで、中国代表としてスピーチされた。式典の前に、私は周さんのご自宅を訪ねた。周秉徳さんは言われた。

「日本留学は周恩来にとって、極めて重要なことでした」

ちなみに周恩来のご親族はたびたび日本を訪問しておられる。二〇一二年の春、周恩来が桜満開の日本を去った時と同じ頃。学生と一緒に、「雨中嵐山」を読んだ。そして、二〇一九年の「雨紛紛」の春、嵐山の周恩来の詩碑の前で、京都市の市長をはじめ、詩碑に献花式を行った。周恩来が「雨中嵐山」をつくってから百周年を迎えたからだ。また、詩碑を立てるのは四〇周年の記念となった。日中平和友好条約締結四〇周年を記念して、関西の経済人たちが建てた詩碑である。建碑四〇周年記念と、創詩百周年記念と、両方あわせての献花式だった。

どうやら、周恩来と「禹」のつながりから、「禹」と宮沢賢治のつながりへ、必然と偶然の糸が紡ぎ合わされたようだ。ひたすら糸を追いかけて今日に至った。ゴールには万里遠く、現段階の収穫を以上の通り報告した。最初は個別のテーマとして探求しようとした課題が、最後にはそれぞれの糸口が相互に繋がっている不思議を感じた。宮沢賢治と周恩来、そして禹に守られていたのだろうか。

日中「混成文化」の現在

日本社会に現存している「禹」の信仰への調査を通して「混成文化」の日本という特質を、

あらためて確認できた。現存形態の調査によって、治水の天皇の存在がわかった。福井県に残る継体天皇の業績や、京都御所にある襖絵「大禹戒酒防微図」などが代表的事例である。襖絵の禹が治水のためにおいしいお酒を断った、という物語をもとにしたものだが、天皇家が「禹」を自粛のモデルにしたという事実がわかった。『古事記』『日本書紀』にも禹のことがあげられ、「平成」の年号が「地平天成」に由来することもある。

私は『禹王と日本人』という書をNHK出版から出した。その表紙に使わせていただいたのが、京都御所の襖絵である。狩野派の方が描かれた、素晴らしい芸術作品だと感激した。思えば、平成天皇皇后さまが一九九二年の訪中時、西安に行かれ、陝西碑林博物館の唐代の「開成石経」を見学された。そこには、「地平天成」の出典・『尚書』第二巻の「地平天成」が刻まれている。「地平天成」の状態を実現させたのが「禹」である。

民間では、北海道から沖縄まで、「禹」にちなむ文物・遺跡が一四〇余りあることが、治水神・禹王研究会が一〇年かけておこなった調査で判明した。二〇一〇年から年に一度、「禹」にちなんだ文物・遺跡のあるところで「禹王サミット」を開催することになっている。二〇一九年の第七回は岐阜県海津市で開催された。

最新の調査の一つに、安倍前総理のふるさとに近い山口県萩博物館に三〇〇年前の絵巻があ

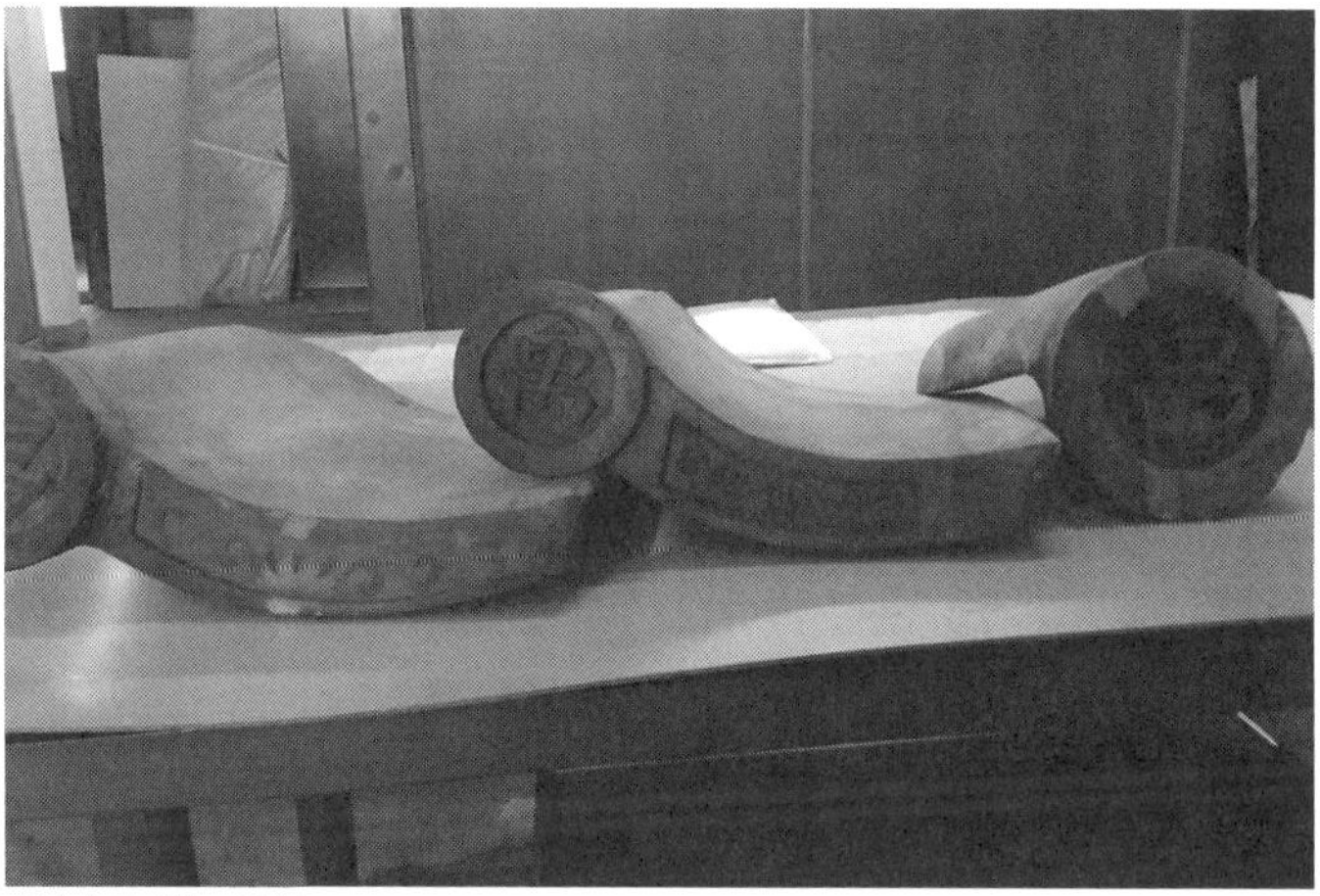

禹文字瓦（萩の民家）

り、呉服屋の暖簾に描かれている「禹」の文字が見つかったことがある。地元では、「禹」の文字の屋根軒丸瓦も発見された。このような調査を拡大して展開していくよう、今後の研究発展を期待したいと思う。

日本と中国の間では、アヘン戦争から日中国交正常化までおよそ七八年かかり、最も関係の悪い時期だった。戦乱で殺し合った。ところが、日本各地で一八本の「禹」を記念する、感謝する意味を込めた石碑が、建てられていることがわかった。「禹」の存在が結果的に平和ムードを醸成させ、お互いの心に共有できる絆になった。この角度から見ていくと、青木保先生が定義された、日中の「混成文化」の意味がよりわかると思う。

強調したいのは、日本の「禹」とは日本化した

「禹」文化であるということである。日中「混成文化」の一事例として理解されている。「混成」の特徴が、アジア運命共同体の国々と共有できる証拠にもなる。共有できる最大の要素は漢字文明に尽きるだろう。漢字文明が共有できれば、日本文化の可能性及びその価値が再認識される局面が増える。それが日中関係の安定に役立ち、合意し合える素材にもなるだろう。

最初の宮沢賢治の研究からここまで至ったことは、あらかじめ予想もしなかったことである。とにもかくにも四〇年近くかけてやってきて、髪の毛も白くなってしまった。ここにたどり着けたのも、日本に出会い、学び、感謝することを表せる環境にいるからだろう。

第二章　日中比較文化研究の四〇年の模索

私の周恩来研究は政治学あるいは国際政治の分野からスタートしたのではない。一留学生の日本体験の考察を通して、周恩来の日本認識の形成と、それが帰国後の活動にどう反映されていったか、特に対日本外交と交渉の過程においてどのように働いたか、などを分析・検証しようと試みた。この場合の若き周恩来はすべての留学生同様に、異文化理解と多文化共生の諸課題の交差連環の中でさまよう時もあった。だが、信念を貫いた周恩来の根底に何が支えとなっていたか、等々である。

結局、関連の先行資料がほとんどない中で、なるべく百年前の時代精神と周恩来の世代の価値観に近づき、総合的日本研究、比較文化と文化人類学の手法を交互に用いて、「実事求是」的に彼の足跡を追って考察し、彼の思考を推察するしかなかった。むろん、これまでの研究模索が、まだまだ未熟であり、今後もより一層精進すべきと認識している。

さて、「本業」の日中比較研究について報告させていただく。

四段階に分けて

一九七三年から大連外国語大学で日本語を学んで半世紀が過ぎた。大学で学んだ日本語のことわざ「光陰矢の如し」を思い出した。月日の経つのは飛ぶように速いというわかりやすい意味を、あらためてわが身に重ね合わせる機会が多くなってきた。振り返れば、日本研究と日中比較文化研究の模索はもう四〇年以上にもなる。それを簡単にまとめてみると、四つの段階に渡り、師友に鞭撻されながら辿ってみた。

一、第一段階（一九七九年－）：宮沢賢治研究を切り口とした日本文化研究

課題と要旨：宮沢賢治全作品を貫通する西域の地図を考察し、明らかにする。一九九六年、この研究成果を参考に制作されたＴＢＳドキュメンタリー「宮沢賢治 シルクロードの夢」が、アジア映像祭・審査員特別賞受賞。この作品は一九九七年、ニューヨークＣＡＴＶが新春放映。王敏はこの研究を深めて、二〇〇〇年にお茶の水女子大学より博士号を取得した。

二〇歳代で始めた賢治著作の中国への紹介は翻訳を中心にこれまでに一〇〇点を超す。数多くの初中国訳への努力もあって一九九〇年、中国翻訳賞。一九九二年には地道な研究活動を評価されて山崎学術賞を授与される。また賢治生地の地元紙が主宰する岩手日報文学賞受賞。

二、第二段階（一九八〇年代ー）：現代日本の社会と生活に対する総合考察

課題と要旨：宮沢賢治研究から啓発を得て、日本各地における社会と文化の考察を開始する。日本人の生活に浸潤した中国文化を見出すもので、文化人類学的な手法を参考に各地を実際に見聞するもの。宮沢賢治作品は人類の普遍的な生活観や社会観、価値観とともに、日本化された中国文化の要素が潜在している。日本人が素養としていた中国の歴史と文化が作品に流れている。古くから日本文化に移植されているので、かえって日本人にはその原点を見出しにくい。中国人の視座によって、日本化され日常化されて見逃されがちなところを考察によって出典の発見に努めた。

この段階の研究成果は朝日新聞などのマスコミも注目したびたび取り上げられてきた。関連論作は一〇〇余点。二〇〇七年、日本文化庁長官から表彰される。

三、第三段階（二〇〇〇年ー）：日本を対象とした比較文化学研究と国際日本学研究

課題と要旨：文化人類学者の青木保氏は日本文化の特性を「混成文化」と表現している。日本文化は異文化を自在に取り込む柔軟な胃袋のような特徴の文化特性を見事に言い当てた言葉である。日本文化の研究に欠かせない視点になっている。日本文化を研究する際、異文化と共存しているスタンスを見逃してはならない。国際日本学研究に向き合う基本だとみる。

日本化された中国伝統文化を研究するベースでもあることはいうまでもない。二〇〇三年に法政大国際日本学研究所に籍を置いてから関連した学術会議を一〇〇回以上主催し、八冊の論文集を企画・編集出版した。とくに近年は中国の祖先神の一人でもある治水神の禹に注目、日本各地に現存する禹王信仰の形態、遺跡文物を掘り出し、市民有志の研究グループと協力し合って各地一四二カ所を調査、今も継続している。「日本治水神・禹王研究会」とともに毎年全国禹王サミットを開催する。上皇・上皇后両陛下の関心を呼ぶところとなり、宮中に招かれてご説明申し上げたこともある。

四、第四段階（二〇一四年－）：漢字文明の共有の現代的価値と、日本の平和貢献の実践に関する検証及び関連の活動

課題と要旨：禹王信仰の研究を受けて日本の混成文化、特に日中の混成文化の根底にある「漢字文明の共有」について、鹿島平和研究所の支援を受けてその言語学的機能を超越した価値の可能性を検討する。元来、漢字創設の原点と過程は宇宙万物の関係を追求しようと、確たる目的を第一義に据え付けているからである。

ところが、上記の課題に相関する東西の先行研究の成果への調査により、戦後の皇室の平和実践、とりわけ日中関係への貢献が記録に値することに気付く。というのもその数々の事例が漢字文明の共有の歴史的文化的源流に繋がり、そこから現代に役立つ平和価値を再生産されてきた循環が見えてくる。したがって、漢字文化圏における現代の皇室の存在価値と意味が結果的に新たに発見されていく。それを内外で講演しているが、特に中国では反応が早い。反映される事例をあげてみる。

一つは、平成から令和へ改元を控えた二〇一八年一二月から二〇一九年春にかけて、北京大学と清華大学内で日本の皇室とその積極的な役割を考える学術会議を三回開催できた。

二つは、年号の意義につき、日中間の歴史的文化的特殊関係の流れの中で捉えられる試みが認められている。例えば、周恩来の日本留学と平成年号の出典に登場する治水の禹との関係、総理になった周恩来の対日政策の参考になった諸関係など。関連の論述を日中両国で二〇余本発表したが、中国社会科学院などアカデミー研究組織に取り入れられている。

三つは、日中国交正常化宣言と日中平和友好条約締結記念の二〇一七年から、福田赳夫元総理が作られたOB首脳サミットの平和実践を一事例に、論語の中の格言を当組織が提案された「人間の責任宣言」に取り入れた意義を検証して、二〇一六〜二〇一九年に平和実践の叢書を企画・編集した（国際儒学聯合会の支援を受けている）。

これらの調査と考察を踏まえた研究成果は各方面に参考にされたと聞く。二〇一九年五月一五日、北京で初開催された「アジア文明互鑑」国際大会もその一つで、漢字文化圏が共有し伝承してきた平和意識と文明互鑑の知恵が再認識の機会になった。

上述の研究過程の第三、第四段階では、上皇后さまによるお言葉が研究を進めるうえで刺激され啓発されている。

一つは中国文化の影響下にある日本文化に対する基本的認識

「日本文化、とりわけ古代文化が中国から受けた大きな影響を思うとともに、文化移入の折に行われた取捨選択を通し、日本文化の特性を考えてみるのも面白いのではないかと感じました。」（「ご訪問中の宮内記者会ご懇談より　一〇月二七日　於上海」宮内庁侍従職監修『皇后陛下お言葉集　あゆみ』一一八頁　海竜社　平成一七年一〇月一七日第一刷）

二つは日本研究の総目的である平和への意識と姿勢

「平和は、戦争がないというだけの受け身な状態ではなく、平和の持続のためには、人々の平和への真摯な願いと、平和を生きる強い意志が必要ではないかと思います。」（「ご訪問前の

外国記者質問へのご回答より　六月三日」前掲書一三三頁）
三つは異文化理解、文明互鑑の見方と方法
「世界の国々は、そのひとつひとつが過去という歴史を荷いながら、より望ましい自国の将来を築くため、その時々の国の在り方を模索しつつ、道を歩んでまいりました。この「それぞれの国のより望ましい将来」が、他国との平和な関係の中で求められているのが、今日、私どもの生きている国際社会であると申せると思います。」（「日本・ラテンアメリカ婦人協会創立三〇周年記念祝賀会　平成一六年五月七日」前掲書一九七頁）

以上の研究はすべてが日本という現場で拾得した、日本という学び舎にめぐりあえて初めてなしえたものであるが、すべてが研究通過点にしか過ぎない。これからも内外での講演を続き、未熟な研究を実践の中で検討して続けていく所存である。

『パリの周恩来』の啓発

二〇年ほど前のことであった。ある会合で、当時、国際交流基金理事長を務める小倉和夫氏に出会った。その後何度かお会いする中で、送られてきた著書が『パリの周恩来——中国革命家の西欧体験』（中央公論社、一九九二年）であった。研究心を奮い起こされた考察を読んで、恥ずかしい思いが先にした。というのは、周恩来のフランス留学は日本留学より後のことで、帰国後の間もない時になる。日本留学が先であったものの、その考察と研究は不明なところが多かった。周恩来の日本留学を研究する分野では、未開拓の課題が残されているのが実情と言わざるを得ない。

小倉和夫氏の研究に刺激された。もう一世紀にもなる周恩来の日本留学時代について知りたい、こう動機づけされた。日本の周恩来を究明したくなった起爆剤であった。

それ以来、雨中の嵐山を歩き、周恩来の姿を思い描き、青年周恩来に話しかけた……

周恩来の姪である周秉徳（一九三七年生まれ）氏の一行が二〇一二年の桜の咲く頃、周恩来の足跡をたどるために訪日した。その際、一行は当時の東京二〇二〇オリンピック・パラリンピック招致委員会の評議会事務総長を務めていた小倉和夫氏の招きに応じて、東京の国際文化会館を訪れた。小倉氏は自著『パリの周恩来』を周氏らに贈った。

一九三八年生まれの小倉氏は、東京大学法学部、英国ケンブリッジ大学経済学部を卒業。六二年に外務省に入り、文化交流部長、経済局長などを経てベトナム、韓国、フランスの各大使を歴任。その後、二〇〇三－一一年に国際交流基金の理事長を務めた。著書に『中国の威信日本の矜持』（中央公論新社、二〇〇一年）、『日本のアジア外交――二千年の系譜』（藤原書店、二〇一三年）、『日本の「世界化」と世界の「中国化」』（藤原書店、二〇一九年）など多数がある。

小倉氏が外務省に入った一〇年後、中日国交正常化がようやく実現した。当時の周恩来総理と田中角栄首相が固く握手する姿は、歴史の大きな一幕として残っている。小倉氏は、国交正常化の準備作業を進めていた日本側の若手外交官の一人だった。二〇一〇年に出版された同氏の著作『記録と考証　日中実務協定交渉』（岩波書店）には、国交正常化に向けた準備と過程が詳述されている。まさに、こうした並々ならぬ経験があってこそ、小倉氏は周恩来の足跡をたどる考えが芽生えたのだ。

日本留学（一九一七―一九年）を終えた周恩来は、一九二〇年にパリに赴き、働きながら学び、共産主義への信念を確たるものにした。欧州留学の四年間は、国の将来を思い、自らの考えを深く練り上げる日々だった。小倉氏はこれに関して詳細な研究を行い、周恩来がパリで学び、働き、暮らした足跡を一つ一つ訪れ、周恩来がパリで交流した人や経験について調べ、細かく分析した上で、『パリの周恩来』を著した。

同書は、周恩来がどのように共産主義思想の影響を受け革命への道を歩み出したか、その精神の歴程について詳しく分析・研究し、青年周恩来の思想形成に関する研究に大きく貢献した。一九九二年に出版されると、国際的教養の豊かな前途有為の学者に授与される吉田茂賞を受賞。二〇二二年には中国語版が出版される予定だという。

日中関係の指針・周恩来

日本から国際社会へ多言語による情報を発信する目的で設立された一般財団法人ジャパンエコー（現在の公益財団法人ニッポンドットコム）と当時筆者が勤務していた法政大学の国際日本学研究所アジア・中国研究チームは、中国人民外交学会と共催で二〇一一年三月、「中日公共外交・文化外交の互恵関係深化の総合的討論――グローバル化が進む中でのお互いの参照と連携」と題するシンポジウムを開催した。同シンポに招かれた小倉氏の、日中がどのように難関を乗り越え、互恵関係を打ち立てるかについての発言は、参加者に深い印象を与えた。

発言で、小倉氏は日中関係の難題である歴史認識問題を切り口に、両国の文化の差異に言及した。また、氏はこう指摘した。中国は王朝がたびたび変わってきた。そのため、政治の制度が激変し、連続性を否定する考え方が生まれた。例えば、「清朝は悪い、革命は正しい」ということを比較的容易に言える。中国の場合、過去を否定しないと新しい王朝は成立しないので、否定することは大事だ。しかし、日本の場合は天皇制という日本のシンボルが一五〇〇年にわたって続いている。したがって、過去を全部否定することは、日本人にとってそう簡単なことではない。

次に小倉氏は、第二次世界大戦が終わった後に、降伏文書に誰が調印したかという問題が非常に重要だと考え、次のように指摘した。ドイツ政府は降伏文書において署名していない。降伏文書に署名したのはドイツ軍だった。つまり、ヒトラーの第三帝国は第二次世界大戦で完全に消滅したため、法律的には新生ドイツは過去のドイツと関係を切った。そのため、新たなドイツが過去を清算することは非常に意味がある。ところが日本の場合は、軍だけでなく日本政府も降伏文書に署名した。つまり連合国側は日本政府の存在を認め、日本の国家は崩壊しなかった。ここに連続性がある。日本政府はいまだに過去を引きずっている。だから、「天皇の戦争責任はどうなのか」「軍事に関与した一般人はどう向き合ったら良いのか」などの問題で、どうしてもあいまいさが残る。

これについて小倉氏は、「連続性は大事にするが、しっかりと過去を見つめ、反省すべきところは反省する態度を持つことが非常に大事だ」と強調した。また、今後の日中関係に対処する場合、政治・経済と文化を分けるべきだと指摘している。

政治面について小倉氏はこう述べた。日本と日本人は、中国人の考え方、中国が受けた苦しみや損失に対して深く理解する必要がある。「軍国主義者と日本国民は別である」。これは周恩来や毛沢東が繰り返し強調した考えだ。だが、「日本国民も中国人民も共に戦争の被害者である」との観点を忘れると対立が起きてくる。中国は、まさにこの原則で国民感情というものを治めてきたので、日本人は中国が受けた苦しみや歴史をもっと厳粛に受け止める必要があると思う。また、政治的な手段としてのコミュニケーションを中断するのは極力避けることが大切だ。けんかする理由があるからこそ会って話し合うことが大事である。

文化面について小倉氏はこう指摘した。「文化政策を民族精神の発揚手段として使うことを完全に止めなくてもいいが、慎重を期すべきだ。文化財は世界の共有財産である。私は、周恩来が欧州に留学した際、民族主義と個人主義の国際化、国際主義を身に付けられたことを学ぶべきだと思う。いろいろな人が狭い民族主義に陥りやすい。特に文化交流では、『これは日本文化である、日本の文化を世界に広めましょう』ということばかり重視する人が多いが、これは間違いだ。日本の文化を世界に広めるのは、それが世界の共通の財産だからという考えが必要だ。中国文化も同じ。ここが非常に重要な点で、ここを間違うと今後の文化政策は根本から誤ってしまうと思う」

◇　◇　◇

小倉氏は、元農林官僚だった小倉武一の長男として、日本帝国主義が侵略・拡張を進めた昭和一三（一九三八）年に生まれた。名前の「和夫」には、そうした世相を直視し、抗議と将来への平和の願いが込められていた。

二〇一二年に来日した周秉徳氏一行を歓迎する会で、小倉氏は自ら紹興酒のカメを開け、「都内で四〇年物を見つけられず、しかたなく二〇年物を二本持ってきました。これをもって日中国交正常化四〇周年を記念します。でも、今日は一本だけで乾杯し、残る一本は王敏さんに差し上げましょう」と語った。すると周氏は、「それを四〇年後の再会の時まで保存し、その時にまた乾杯しましょう」とユーモアたっぷりに答えた。

第三章　日中の結び目

周恩来と会った日本の首相

今や一国の出来事が世界に波及する影響は当たり前になった。誰もが当然視する。わずか一世紀前までは一国ずつその国の歴史を見れば、影響は小さな範囲にとどまった。各国の歴史をひもとけば微妙に影響を与え合っているとしても、影響の波及スピードが極めてゆっくりであるから、一国ずつ見ていればよかったのである。歴史は変わった。明らかに激変した。地球環境が今ほど喫緊の問題になった歴史はない。環境ガバナンスが国際関係の中心議題になることが極めて多い当たり前になった。

日中関係も激変の時代に直面している。古代から近代まで日中関係史は、行動力のある人物の相次ぐ登壇によって歴史は動いた。聖徳太子、鑑真、空海、隠元、栄西、多くの先人の献身が歴史の舞台であった。ところがこれまで偉人の後ろに隠れて見えないでいた国民が前面に出てきたのが現代のような気がする。

幸いに一九七二年、日中は相互の努力の賜物として国交正常化を取り戻した。和を求めた日中両国民の熱い思いが沸騰したわけであるが、両国民の思いを知り抜いた周恩来総理の存在が大きかったのは言うまでもない。

総理時代の周恩来に接触したことのある日本の総理は、七人だという。それぞれの「周恩来観」に共有するところがあるのはおもしろい。いずれも周恩来への敬愛を失わず、周恩来が日本留学を経験して得たその日本認識を貴重なものとみなしていたことである。発言を抜粋してみたい。

周恩来に数回も会った石橋湛山、池田勇人首相以外に、そのトップに挙がるのは田中角栄氏であろう。「周総理が中国側の代表であるがゆえに、困難な日中国交正常化が実現可能になったのだ」「周総理は日本留学を経て、日本での生活を体感し、戦前、戦中、戦後をひっくるめて、日中のあらゆる問題点を熟知している人でもあります」「周総理とは、日本と対日友好の意味を会得できている数少ないひとなのだ」（一九七二・九・二五）

大平正芳氏は、「私は、周総理の死を嘆き悲しんでいます。この偉大な中国の指導者が日本について深い認識と理解を持っておられるからです。」（一九七二・九・二五）

中曽根康弘氏は、「周総理は国交正常化の父であり、偉大な恩人であります。」（一九七三・一・一八）

三木武夫氏は、「周総理は、中国の偉大な指導者であるだけでなく、世界を代表する政治家の一人でもあります。そのような人物を失うことは、中国だけでなく、世界にとって大きな損失でもあります。」（一九七四・四・一七）

さらに福田赳夫氏は、「日本を最もよく知っていて理解した周恩来総理が亡くなりました。日中両国にとっても多大な損失といえます。」（一九七六・一）

周恩来は一九七六年一月八日に亡くなった。その死を悼み、日本でも東京で慰霊式が営まれ、各界から三千人が集まった。

「福田ドクトリン」記念碑とアジアの留学生

周恩来の日本留学から一世紀余り過ぎた二〇二一年一一月二四日のこと、故・福田赳夫元首相による対東南アジア基本政策「福田ドクトリン」の記念碑が、東京・本駒込の公益財団法人アジア学生文化協会敷地に建った。世間に広言されたわけでなくこじんまりした除幕式ではあったが、出席した赳夫氏の長男の康夫元首相は「あらためてその内容をかみしめてみる必要がある時期なのではないか」と、アジア全方位平和外交の重要性を強調した。

一九七七年八月に東南アジア諸国連合（ＡＳＥＡＮ）各国を歴訪した当時の福田赳夫首相が、マニラで日本の対東南アジア新政策の基本原則を発表した。ＡＳＥＡＮに対し、平和に徹し軍事大国にならないことなどの三原則を示して、日本の東南アジア政策の柱となっている。記念碑には「福田ドクトリン」とされる三原則と赳夫氏の肖像が刻まれた。三原則の内容を記させていただく。

一　わが国は、平和に徹し軍事大国にはならないことを決意しており、そのような立場から、東南アジアひいては世界の平和と繁栄に貢献する。
二　わが国は、東南アジアの国々との間に、政治、経済のみならず社会、文化等、広範な分野において、真の友人として心と心のふれ合う相互信頼関係を築きあげる。
三　わが国は、対等な協力者の立場に立って、ＡＳＥＡＮ及びその加盟国の連帯と強靭性強化の自主的努力に対し、志を同じくする他の域外諸国とともに積極的に協力し、またインドシナ諸国との間には相互理解に基づく関係の醸成をはかり、もって東南アジア全域にわたる平和と繁栄の構築に寄与する。

福田ドクトリンの四〇周年記念を迎えた二〇一七年には、赳夫氏が演説したフィリピンのマニラホテル内で記念行事があり、日本国内にも記念碑の建立を目指す有志の寄付などして、長年東南アジアの留学生を受け入れてきた上記協会の敷地内に記念碑を設置することになった。除幕式あいさつで同協会の白石勝己理事長は「福田ドクトリンは心と心の交流により平和外交を希求する歴史的な文章であり、普遍的な価値を有していると信じている」と述べた。

その「普遍的価値を有」する成果を検証できる事例として、一九八三年五月、中曽根康弘首相がアセアン諸国を訪問し、最後に立ち寄ったシンガポールで元日本留学生たちから「自分たちの息子や娘は日本には留学させたくない」との願いを聞き入れた。同年八月末日、二一世紀の初頭までに留学生受け入れ数を一〇万人にすると公表され、「留学生一〇万人計画」の実施を始動させた。当時、在日外国留学生の総数が一万人程度に過ぎなかった。

二〇〇三年、在日留学生数が計画通りの成果を実らせ、一〇九，五〇八人の記録を獲得した。二〇〇八年一月一八日、福田康夫首相（当時）が施政方針演説で、二〇二〇年までに「留学生三〇万人計画」の施行を表明した。二〇一九年五月一日、計画が一年前倒しで三一二，二一四人に達成された。

ちなみに公益財団法人アジア学生文化協会は一九五七年に設立された。戦前は青年学生による社会改造が志向されたが、戦後はアジアに対する日本の戦争責任を深く内省し、自主、互恵、平等の精神で寮生自身による自治運営がなされ現在に至った。六〇年以上前に書かれた協会の「設立趣意書」には国、地域、民族、宗教を超え「互恵協力」により「人間的和合」を目指す目標が高らかに表明されている。

除幕式はあらためて留学文化の意義を噛みしめる機会となった。周恩来の日本留学を平和遺産として再考させてくれる。留学という雄大な多国混成の「人材」プロジェクトの蓄積の下で、「アジアは一つ」と組まれており、アジア相互の浸透と融合による発展が可能になったと言えよう。

対話を！――福田康夫氏に聞く

友好の歴史には波濤がときおり押し寄せる。日中の間の海はこの半世紀、滄海桑田のごとしである。日中両国が実りの秋を共有できるか、歴史の変わり目にいるわれわれが最も気がかりとするところである。日中間の歴史も世界の一つであることを忘れてはならない。しかし、日中関係は世界でも屈指の関係であることは確かである。これは福田康夫元総理の日ごろ説かれるところであり、最近の難しい情勢の折、ご教示願う機会を頂いた。その内容が「調和、対話、共同体――「アジアの智慧」で世界に寄与」の対談に凝縮された。『人民中国』（二〇二一年一〇号）から掲載文を転載させていただく。

福田康夫＝語り手　王敏＝聞き手

王敏　中日両国は古くから同じ源流の文化を持つ一衣帯水の隣国です。せんだって岩波書店から お父様の伝記『評伝　福田赳夫』が出版されましたが、書中には両国の歴史の交わりや文

『人民中国』の対談　（左）著者　（右）福田康夫氏

化の融合についても触れられていますね。

福田康夫　福田赳夫は一九〇五年生まれで、九五年に亡くなりましたから、書中には二〇世紀の真ん中の九〇年間の歴史が描かれています。福田赳夫の人生を描くことで、それがそのまま日本の歴史にもなり、さらに中国の歴史も部分的に描くことになりました。さらに欧米の経済の話も加わりますから、まさに二〇世紀の歴史そのものを語っているといえるでしょう。この本を読めば、二〇世紀のさまざまな出来事に対する理解が深まると思います。

王　今年は中国共産党成立一〇〇周年ですが、この一〇〇年は福田赳夫先生の人生を通して見る日本史の一〇〇年でもあると思います。同じ時代を異なる場所から見た一〇〇年の発展と特徴を俯瞰することができ、非常に参考になると思います。

福田　福田赳夫の父と祖父は明治の教育を受け、中国の書物で勉強したため、漢学の教えに従った人生を送ったことでしょう。よって、今の中国人以上に中国人的な考え方を持っていたかもしれません。なにせ祖父は、赳夫の名を詩経の「赳赳武夫公侯干城」から取ったくらいですから。

われわれの時代も中高生は漢文が必修で、中国の古文を学ぶ機会がありました。さらに日本の明治期の人々は中国の昔の歴史も勉強したため、中国文化は小さい頃から非常になじみあるものだったのでしょう。

王　福田先生は訪中時に「温故創新」という言葉を揮毫し中国側に贈られましたが、論語の「温故知新」をもじり「創新」としたところに、漢学への造詣の深さが見て取れます。日本の人々は中国の古典から参考に値する教養を得ていましたが、長い歴史の中で培われた交流の「点」は歴史上の人物にもつながっています。例えば治水の神とも言われる禹王もその一人でしょう。

人間と自然の関係に思いをはせた時、人々の想像はおのずと禹王の故事につながります。お父様の時代から資源の有限性が認識されていましたが、その認識を発展させたのが福田先生だったということを、本書を読んで知りました。実際に福田先生は、総理着任以降一貫して温暖化問題や環境問題に取り組まれました。原点は禹王を含めた先人たちのエコ文明の精神かと思います。私はそんな先生方の支援を受けることで禹王研究を続けることができました。本当に感謝いたします。

福田　王敏先生は禹王と日本の関係について非常に詳しく、日本人の私にその関係の深さを教えてくれました。日本には禹王関連の遺跡が約一五〇カ所あるそうです。そのほとんどが近代以降に作られたことからも、近代日本が中国の故事にならって禹王の教えを大切にしていたことが見て取れます。

中国も社会が落ち着いてきて、昔のことを勉強し大切にしていきたいという気運がとても高まっているように思えます。大変素晴らしいことです。昔のことを研究し、昔にならうという精神は大切です。人類の足跡を私たちはしっかりと理解する必要があります。特に産業社会で温暖化などの問題が出ている今は、人類の永続が疑われています。禹王しかり、昔の人々は自然とうまく調和し、対話して歴史を重ねてきましたが、今はどうもその対話がなくなっているように思えます。今こそ「自然との対話を取り戻す」という発想を持つべきだと着眼すれば、治水の神にもたたえられる禹王の研究にも大きな意味があると思います。

王　日本にも角倉了以という「禹」がいましたね。一九一九年、日本に留学していた周恩来は京都の嵐山を訪れ角倉の足跡を追い、中日共通の「禹」に敬意を評し、自らの初心を固めました。禹の信仰は日本に定着し、角倉によって実践されました。これは伝統文化の継承と中日文化における典型像だと思います。周恩来は「大同の理想」を掲げて日本に留学し、多くの中国の有志青年同様、国を救い、労苦にあえぐ大衆を解放するための道を模索していました。そして中国共産党は一〇〇年における波乱の歴史を経て、ついに絶対的貧困を撲滅し、小康社会（ややゆとりのある社会）の全面的構築という目標を達成しました。せんだって中国は『中国共産党の歴史的使命と行動の価値』という文献を出しましたが、ここからは中国共産党が成立当初からの国家統治の原則や実践、成果を継承していることが分かります。中でも私は、エコ文明構築や人類運命共同体の理念などが、東洋の伝統文化の輝かしい知恵によるものだと感じています。伝統文化の知恵という特色は消えることなく、中日両国や漢字圏は自然の継承と実践の恩恵を受けています。その起源となる時代ははるか昔ですが、共通する教養は依然として日本の方々の理解と共鳴を呼ぶことができるのです。福田先生は、中国の建設と発展、そして世界に向けた行動に関してどう思われますか。

福田　中国は成長スピードが非常に速く、人口も多い国です。その発展は比較的短期間で実現されましたが、その中心となったのはエネルギーを大量に消費する産業社会でした。よって地球温暖化など、自然との共生の問題について真剣に考え、対策を練らなければいけないと思っています。その点、習近平主席は気候変動を注視すると表明しているのはとても立派だと私は思います。本気で気候変動対策に取り組む姿勢は大いに評価できます。

温暖化問題は一国の問題ではありません。その意味においては、まさに人類運命共同体なのです。習近平主席はそれを意識して人類運命共同体を提唱されたのかは分かりませんが、きっと同じような気持ちを持っていたのでしょう。大変な慧眼を持っておられると思います。

昔は中国も日本も、ものを大事に長く使うことを大切にしてきました。ところが第二次世界大戦が終わり、米国中心の経済発展が始まると事情が変わってきました。米国は「自由競争」の名の下で安いものをたくさん作り、購買意欲をあおる経済社会をつくってしまったのです。今の時代はそれに対する反省があります。

王　新型コロナの流行下、国際関係は複雑かつ流動的であり、中日両国の国民感情も決して楽観視できません。福田先生は一貫して対話と各レベルでの交流強化を呼び掛けてこられましたが、その支えとなっているものは何ですか。

福田　国際情勢のうち、日中問題と中米問題は最大の問題ではないかと思います。さらにアフガン問題やミャンマー問題も大きな問題です。しかしこれらは一国では解決できない問題ばかりで、多国間で知恵を出し合いまとめなければなりません。しかし今はその「話し合い」の機会が途絶えてしまったのです。これは新型コロナの影響も大きいので、コロナ様にはせめて対話くらいさせてくださいとお願いしたいところです。

対話が圧倒的に不足しているのは誰もが認めるところでしょう。中米間もろくに対話をしていません。中米問題は両国にとっても根幹的な問題ですから、トップ同士の対話が望まれます。

日中間も同じです。大きな問題はないものの、細かな問題でもめ事が絶えません。ですからトップ同士が考えを述べ、相手の考えをよく聞き、何が良いかを決めていただき、方向を決めることをお願いしたい。でないとつまらないことばかり起こり、国民が不愉快な思いをするばかりです。国民を不愉快な思いにさせるような政治家はいけません。トップは国民が納得できるようなことを言わなければいけないのです。

王　私は異文化コミュニケーションと国際対話の授業で、交流の欠如によって命を落とすことになった歴史的事件をしばしば引用しています。時代は違っても、コミュニケーション不足という教訓には学ぶ価値があると思います。

福田　特に政府間に対話がない時は、メディアを使って間接的に対話を行うものです。ですからメディアには導きたい方向についてしっかりとした考え方を持ち、誘導を心掛けていただきたいものです。

王　福田先生はコミュニケーションにおけるメディアの役割を常に重視しておられ、豊富な実体験を、ユーモアを交えてお話しになります。『人民中国』にも期待を寄せておられましたね。『人民中国』は私も大学時代から読み、教科書として使っていました。四〇年前当時は日本語の読み物といえば『人民中国』と『北京週報』しかなかったため、その存在には大いに救われました。日本関係のことを学び、あるいは仕事にしている人間にとって、『人民中国』は非常に得難い教材であり、とても重要なメディアだと思います。

福田　『人民中国』にはぜひよろしくお願いしたいですね。政治的な問題や対立はままあることですが、政治に問題があるからといって国民まで対話しなくなるのはおかしいことです。政治の対立を見て、相手国の人々と口をききたくないという心情になるのは理解できますが、国民が政治に忖度して対話しなくなるのは良くないことです。国民同士の対話はいつでもできるようにしておかなければいけません。われわれは、政治と無関係の分野でさまざまな対話を進めることを中国の指導部の方々と検討し、文化交流が必要であるとの結論に至りました。ですから新型コロナという障害があっても、文化交流だけは続けていきたいと思っています。

王　おっしゃるとおり、指導者同士の対話と国民同士の交流の強化は、新型コロナという障壁を打破し、両国間の相互理解と信頼を高めるために大切だと思われます。日本は今年、困難の中オリンピックとパラリンピックの開催に成功しました。来年は北京で冬季五輪が開催され、聖火の下で行われるスポーツ交流が、中日両国と世界を「より結び付ける」ことが期待されます。さらに来年は中日国交正常化五〇周年という節目の年であり、両国関係がこれを機会に新たな発展を遂げることも期待できます。

福田　世界に約二〇〇もの国がある中で、日本と中国はたったの二国にすぎません。しかし考えようによっては、日中関係以上に大切な関係はありません。両国が協力すれば、世界の平和と安定を実現できるほど大切な関係だと私は思っています。さらに米国とも一緒に世界情勢を考えられるような時代が来ることを望んでいます。中国に対する期待は非常に大きく、人類運命共同体を唱える中国はとても大切な国なのです。

第三部注

1　青木保（一九三八－）文化人類学者、大阪大学教授、東京大学教授、ハーバード大学客員教授などを歴任、文化庁長官、国立新美術館館長も務めた。著書『タイの僧院にて』『文化の翻訳』『儀礼の象徴性』『「日本文化論」の変容』など多数。

2　石川一成（一九二九－一九八四）歌人・国語教諭。一九七九年、中華人民共和国に派遣され、日本人として初めて日本語教師を務めた。帰国後も日中友好事業に尽力したが、交通事故により急逝。歌集に『麦門冬』『沈黙の火』がある。

3　黄瀛（一九〇六－二〇〇五）中国の詩人。四川省重慶出身。中国人の父を亡くし、日本人の母と来日。草野心平と親しく、「銅鑼」同人として活躍する。陸軍士官学校を卒業して帰国、国民政府軍の将官となった。文化大革命後、四川外語学院教授。

4　太田喜智（一八八七－一九三三）千葉県八日市場の金物商店の長女として生まれた。女子師範学校卒業後、地元の小学校に勤務していたが、日露戦争後、「日清交換教員」募集に合格、中国へ赴任。のち黄瀛の父、黄沢民と国際結婚した。

終わりに

最後に、日進月歩の現代、科学の進化が共有される平和共存であってほしいと思います。周恩来の日中への思いが時代を越えて平和友好の進化に伴い、今後も末長く有用だと信じて疑いません。拙著の発刊に支援を賜る組織・個人の皆様のご厚意に心より感謝します、深い敬意を表します。出版を引き受けていただいた三和書籍さま、ありがとうございました！

（敬称略）

日本

日本アジア共同体文化協力機構、福田康夫事務所、日中文化交流協会、アジア学生文化協会、アジア太平洋観光会社、月刊中国ニュース、拓殖大学、桜美林大学、昭和女子大学、鹿島平和研究所、中国問題研究所、国際メディアと女性文化研究所、万福寺黄檗文化研究所、治水神・禹王研究会、千代田区日中友好協会、京都日中友好協会、黄檗文化促進会、日中国際文化

交流協会、松本亀次郎記念日中友好国際交流の会、掛川市立大東図書館、大悲閣千光寺、日中平和発展促進会。伝統愛美会、森下仁丹株式会社広報、株式会社テムジン。東京大学名誉教授村上陽一郎、東洋大学理事長福原伸次、政策研究大学院大学教授小島明、奈良県立美術館長藪内佐斗司、元中国大使谷野作太郎、日中友好協会顧問西園寺一晃、フリーディレクター渡辺満子、聖教新聞元編集長岩崎一彦、朝日新聞元記者山下靖夫、高成田享、中川周造、愛知大学教授李春利、作家石川好、孫中山記念会理事片山啓、弁護士内田雅敏。

中国

国際儒学聯合会、大鸞翔宇慈善基金会、中国国際関係学院、中国社会科学院日本研究所、天津社会科学院北東アジア研究所、中日関係史学会、北京大学歴史学院、清華大学歴史学院、南開中学校、中国大使館、中国大阪総領事館、人民日報社、新華社東京支局、中国光大集団・銀行東京代表処、明報月刊、中国外文局アジア太平洋広報センター、人民中国雑誌、外文出版社、在日中国企業協会及び周恩来ご親属の周秉徳と周秉宜、中国共産党文献研究院研究員杨明偉、南開大学教授徐行、北京大学教授賈蕙萱、清華大学教授劉江永、北京師範大学教授陳奉林、厦门大学教授林観潮、中華民族文化促進会副秘書長耿富华、上海市松江区审計局陳翠栄。

周恩来略年譜

西暦	事項
一八九八	三月五日、江蘇省淮安府陽県（現在、淮安市）で生まれる。父は周貽能、母は万冬児。後に伯父・周貽淦の養子となり、伯母・陳氏に育てられる。
一九〇七	実母・万冬児、養母・陳氏没。
一九一〇	夏　伯父・周貽謙とともに東北奉天省銀州（現在、遼寧省鉄嶺市）に転居、銀岡書院に入学。 秋　奉天（現在、瀋陽市）における伯父・周貽賡の家に居候し、第六両等小学堂に転学。
一九一一	辛亥革命の影響で辮髪を切る。
一九一三	周貽賡とともに天津へ。南開学校に入学。
一九一四	三月　友人とともに「敬業群楽会」を作り、智育部長に選出。 一〇月　会報『敬業学報』を創刊。
一九一五	八月　新しい校報『校風』を創刊。編集・経営に携わる。

一〇月　新劇『一元銭』で女形を演じる。
一九一六　学校内国文特別試験で一位を取る。
一九一七　六月　南開学校卒業試験で国文最優秀賞を取り、卒業式で卒業生代表として挨拶。
九月　日本に留学。
一〇月　東亞高等予備学校に入学し、日本語など入試科目を勉強。
一二月　留日南開同学会に入会。
一九一八　一月　伯父・周貽奎没。
三月　東京高等師範学校に落ちる。
四月　神田の書店・東京堂でロシア十月革命に関する雑誌を読む。
五月　留日学生救国団を立ち上げ。
七月　第一高等学校に落ちる。
一九一九　一月　河上肇の創刊した『社会問題研究』を読む。
三月　母校・南開学校が大学を創設することを知り、帰国進学を決める。
四月　京都の友人を訪れ、嵐山と円山公園で花見を楽しむ。船で神戸から天津へ。
五月　五四運動の勃発後、天津で学生連合会を立ち上げ。

一九二〇　七月　『天津学生連合会報』を創刊。
八月　天津の学生代表は北京で逮捕・拘束されたため、数百人を率い北京へ抗議。
九月　友人とともに「覚悟社」を結成。南開大学文科学科に入学。
一二月　天津新学連を立ち上げ、執行科長に任ぜられる。
一月　天津の学生代表として直隷公署に請願、投獄。獄中でマルクス主義を勉強。
七月　釈放。
一九二一　一一月　ヨーロッパで勤工倹学。
張申府らの紹介で中国共産党に入党。
一九二二　旅欧中国少年共産党（後に中国社会主義青年団旅欧支部に改名）を結成。中国社会主義青年団旅欧支部書紀に任ぜられる。中国共産党旅欧支部のリーダーとなる。
一九二四　秋　帰国。広東黄浦軍校政治部主任に任ぜられる。
一九二五　一月　中国共産党第四回代表大会に出席。
八月　広州で鄧穎超と結婚。
九月　国民革命軍第一軍政治部主任。
一九二七　一月　中国共産党上海区委軍事運動委員会書記。

一九二八　三月　上海労働者第三回武装蜂起を組織。
八月　南昌蜂起を組織。

一九二九　中国共産党第六期一中全会で中央政治局常務委員に選出。

一九三〇　中国共産党第六期二中全会で政治局委員に選出。
モスクワに赴き、コミンテルンの会合に出席して中央ソビエト区と工農紅軍について報告。

一九三一　一月　中国共産党第六期四中全会（拡大）で政治局常務委員に選出。中共ソビエト区中央局書紀。
一〇月　中共ソビエト共和国臨時中央政府、樹立。中央執行委員会委員に選出。

一九三四　一月　中国共産党第六期五中全会で政治局常務委員に選出。
一〇月　長征開始。

一九三六　西安事件。西安で張学良と会談、調停。

一九三七　六月　廬山で蒋介石と会談。
一二月　中共中央代表団と長江中央局が合併。副書記に任命。

一九三八　国共合作。国民政府軍事委員会政治部が設置。副部長に任命。

一九三九　落馬。治療のため訪ソ。
一九四五　六月　中国共産党第七期一中全会で中央政治局常務委員、書記処書記に選出。
　八月　重慶会談。
　一〇月　双十協定を結ぶ。
一九四七　延安を撤退。毛沢東、任弼時らと作戦を指揮する。
一九四九　中華人民共和国、建国。政務院総理兼皆外交部長に任ぜられる。
一九五〇　朝鮮戦争の軍事援助のため訪ソ。
一九五一　二月　第一次五カ年計画を起草。
　九月　中国政府を代表してサンフランシスコ平和条約に反対する声明を出す。
一九五二　六月　北京で第一次中日民間貿易協定を締結。
　一一月　中国残留日本人の引揚問題を打開。
一九五四　四月　ジュネーブ会議に出席し、中国政府を代表して平和五原則を提唱。
　九月　第一期全国人民代表大会で政府活動報告を行う。
一九五五　バンドン会議に出席。
一九五六　ベトナムとカンボジア、インド、ミャンマー、パキスタンを訪問。

一九五七　日本社会党訪中団と会談。
一九五八　朝鮮を訪問。志願軍の撤兵を発表。
一九五九　九月　石橋湛山元首相と会談。
　　　　　一〇月　日中友好協会の設立を決定。
一九六二　松村謙三氏と会談、貿易三原則・政治三原則を提出。
一九六三　アフリカ一一カ国及びアルバニアを訪問。
一九六四　四月　日中互いに常駐機構を設置し、代表を交換する会談覚書に調印。
　　　　　一二月　第三期全国人民代表大会第一回会議で政府活動報告を行う。「四つの近代化」を提起。
一九七〇　四月　朝鮮訪問。連合声明を発表。
　　　　　松村謙三氏と会談、中日貿易の拡大について四つの内容を確定。
一九七一　三月　ベトナム訪問。共同声明を発表。
　　　　　四月　アメリカ卓球チームと会見。
　　　　　六月　公明党訪中団と会談。
　　　　　一〇月　アルバニア決議。

一九七二　二月　ニクソン大統領訪中。米中共同宣言を発表。
　　　　　九月　田中角栄総理訪中。中日共同声明を発表。中日国交正常化。
一九七四　一月　大平正芳外相訪中。中日貿易協定調印。
　　　　　一二月　池田大作会長の率いる創価学会訪中団と会見。
一九七五　一月　第四期全国人民代表大会第一回会議で政府活動報告を行う。
　　　　　六月　賀龍の葬儀で弔辞を述べる。
一九七六　一月八日、没。享年七八歳。

[資料]

松本亀次郎と周恩来が生きた時代(年譜)

西暦	和暦	松本亀次郎 月	年齢	事項	周恩来 月	年齢	事項
1866	慶応2年	2	0	2月18日、高天神城跡の東麓、城跡を間近に望む、遠江国城東郡嶺村(掛川市上土方嶺向)に生まれる。			
1873	明治6年		7	同年春、寺子屋宗源庵に入る。同年秋、学制公布により開設された嶺学校(長寿庵)に入学する。			
1877	〃10年		11	嶺向学校(明治8年嶺学校を嶺向学校に改称)授業生(生徒から選抜された代用教員)に採用される。※この年、西南戦争が勃発する。			
1878	〃11年	11	12	中村学校の授業生に採用される。林文平(後の静岡師範学校同級生、常に学年トップの秀才、終生の友)と同僚となる。			
1882	〃15年		16	大坂小学校の授業生に採用される。校長は義兄中谷次郎作。横須賀の漢学者常盤健に学ぶ。			
1883	〃16年	12	17	嶺向学校が『愛日館』と改称され、現土方小の位置に新築移転する。亀次郎が県令の前で開業祝辞を読む。			
1884	〃17年	2	18	静岡に出て松山若沖の二松学舎に学ぶ。			
		9		静岡師範学校(現:静岡大学教育学部)2年前期に入学する。			
1885	〃18年	6	19	斎藤ひさ(18歳)と結婚する。			
1888	〃21年	4	22	静岡県尋常師範学校を優秀な成績で卒業する。同月、静岡高等小学校の訓導となる。			
1889	〃22年	4	23	4月、東京高等師範学校入学。7月、病気退学。			
1890	〃23年	1	24	静岡高等小学校東部分校が清水に開校し、首席訓導として赴任する。			
1892	〃25年	7	26	長男、操一郎が生まれる。			
		9		東部分校が独立して東有渡高等小学校となり、校長兼訓導に就任する。			
1894	〃27年	9	28	榛原郡川崎尋常高等小学校(現:牧之原市立川崎小学校)校長に就任。※この年、日清戦争が勃発する。			
1897	〃30年		31	文部省中等教員検定試験に合格し、国語科免許を受ける。			
		9		9月27日静岡県尋常師範学校助教諭に就任。 ※前年の明治29年6月、最初の中国人留学生が来日する。			
1898	〃31年	4		4月12日三重県師範学校(現:三重大学教育学部)教諭兼任舎監に着任する。	3	0	3月5日、江蘇省淮安山陽県(現在の淮安市)に、父・周貽能、母・万氏の長男として生まれる。
							子どものいない叔父・周貽淦の養子となるが、まもなく養父が他界、養母・陳

【周恩来】 １８９８（光緒24年）年3月～１９７６年1月

中国江蘇省出身の政治家。1949年の中華人民共和国建国から逝去するまで、政務院総理・国務院総理（首相）を務めた。

日本では、昭和47年（1972）田中角栄首相との間で日中共同声明に調印したことでも知られている。

大正6年、日本に留学、松本亀次郎が東京神田に設立した東亜高等予備学校に入学し、松本から教えを受けた。

現在、東亜高等予備学校跡地は、千代田区「愛全公園」となり「周恩来ここに学ぶ東亜高等予備学校跡」の石柱と解説看板が建っている。

京都市嵐山には、大正8年（1919）周恩来が、中国海南大学への進学を決め、帰国の途上立ち寄った京都で、観た桜を詠んだ歌碑が建てられている。

1900	〃33年	10	34	10月25日佐賀県師範学校(現:佐賀大学教育学部)教諭に就任する。翌年、兼任舎監に着任。※嘉納治五郎の亦楽書院、後の宏文学院が発足する。			
1902	〃35年	1	36	※嘉納治五郎が中国人留学生の日本語教育のため、東京牛込に宏文学院を開校する。			
		6		日本最初の方言辞典『佐賀県方言辞典』を清水平一郎と共同編纂して出版する。			
1903	〃36年	6	37	嘉納治五郎に請われ、佐賀県師範学校を退職して上京。政則英語学校に通った後、宏文学院で日本語教授となる。初めて担当した浙江班で魯迅・陳介・厲家福などの秀才を教える。また、留学生会館で秋瑾を指導する。			
		8		8月31日、父、市郎平が逝去。			
1904	〃37年	7	38	『言文対照・漢訳日本文典』を出版。中外書局により中国各地に販売されて大好評。続いて日本語教科書の編纂に入る。 ※この年、日露戦争が勃発する。			
1907	〃40年		39			9	実母・万氏逝去。
1908	〃41年	3	42	清国、北京の京師法政大学堂(現:北京大学)教習に招かれて妻と渡清し、北京市手帕胡同に住む。		10	
							養母・陳氏も他界。二人の弟とともに実家へ戻る。
1910	〃43年		44		夏	12	奉天省銀州(現在の遼寧省鉄嶺市)の伯父・周貽謙の家に移り、銀崗書院に入学する。
					秋		奉天(現在の瀋陽市)の伯父・周貽賡の家に移り、第六両等小学堂(のちの東関模範学校)に編入する。
1911	〃44年	10	45	北京在住中に辛亥革命に遭遇する。		13	辛亥革命勃発のニュースを聞き、率先して弁髪を切る。
1912	大正元年	6	46	日本に帰国、東京府立第一中学校(現:都立日比谷高校)教諭となる。		14	作文で全国九省の小学校優秀作文集に掲載される。
1913	〃2年	春	47	中国人留学生會横海の要請により、同氏主催の日本語講習会に参加。	春	15	伯父・周貽賡の転職に従って天津に移る。
		7		第一中学校を退職して、中国人留学生の日本語講習に専念する。	8		天津の南開学校に入学する。
1914	〃3年	12	48	私財と寄付により、神田猿楽町に「日華同人共立・東亜高等予備学校」を創立する。		16	
1915	〃4年		49			17	南海学校論文コンテストで800人中1位となる。弁論クラブ会誌『校風』の編集責任者として活躍する。
1917	〃6年	9	51	周恩来が入学する。学生たちを京都・奈良に修学旅行に連れていく。	6	19	南開学校卒業試験で国文最優秀賞を受賞する。卒業生代表として答辞を読む。
					9		天津から日本へ出航し、東京で留学生活を始める。
		11		※ロシア革命(十月革命)がおこる。	10		松本亀次郎が設立した東亜高等予備学校に入学し、日本語や入試科目の補習を受ける。

1918	〃7年	1	52	周恩来に日本語の個人教授(4月は4回)。	1	20	伯父・周貽賡の他界を知り、強い衝撃を受ける。
		2		周恩来はこの月2回下宿を引っ越したため来られず。	2		保田龍門、周恩来の肖像を描く。
		3		3月10日入試を心配して周を訪ねる。その他度々個人授業。	3		東京高等師範学校を受験するが不合格。
		5		中国人留学生に対する当局の対応を「紙一片の親善、当局の無理解」(東京朝日新聞)と批判。	4		神田の書店「東京堂」でロシア革命に関する雑誌を熟読、日記に詳細を記す。
		5		日華共同防敵軍事協定をめぐる混乱について、後藤新平外相、岡田良平文相に大学・学校の代表として抗議。			※日華共同防敵軍事協定をめぐり、留日中国人学生に反対運動が起こる。
		6		周恩来に個人教授(6月は9回)。入試結果を心配して周を訪ねる。			神田の中華料理屋「維新號」で留日学生が警察に逮捕、連行される。
					5		留日学生救国団の規則作成に中心的な役割をする。
							5月16日・19日、日華共同防敵軍事協定が締結され、その前後に留日中国人学生を中心に一斉帰国の反対運動が起こる。
							5月19日、留日学生等によって結成された新中学会に入会、演説を行う。
					6		6月21日、吉野作造を訪ねるが会えず。
					7		第一高等学校を受験するが不合格。
							中国へ一時帰国。途上の汽車中で元木省吾と名刺を交換。
1919	〃8年	冬	53	大倉組門野重九郎の保証により、8万円を借入れ、隣地240余坪を買収して木造瓦葺3階建530余坪の校舎増築する。	3	21	母校南開学校が大学を新設すると聞き、帰国して進学することを決める。
					4		帰国の途中で、京都の友人を訪ね、嵐山、円山公園などで満開の桜を楽しみ、4月5日漢詩「雨中嵐山」を詠む。
					5		五・四運動(抗日、反帝国主義の学生運動)起こる。天津で学生連合会を結成。評議員であった後の妻、鄧穎超も共に戦う。
					8		天津の学生代表が北京で逮捕・拘留され、数百名のデモ隊を率いて北京へ行き、示威行動を展開する。
					9		南開学校大学に文科学科第一期生として入学する。
					1		天津学生代表として省長との会見を要請するが、逮捕・拘留される。警察の弾圧により50人以上が負傷する。(一・二九流血惨案)

1920	〃9年		54		3	22	獄中にてハンスト行動で抗議運動を展開する。
					5		獄中で仲間にマルクス主義学説を講義する。（～6月）
					6		獄中で『警庁拘留記』を完成させる。軍閥政府の売国・弾圧を糾弾する。（『警庁拘留記』はのちに新聞に掲載され出版）
					7		仲間とともに釈放される。天津市民に「為国犠牲」として迎えられる。
					11		フランスへ「勤工倹学」留学生（働きながら学ぶ学生）として出発する。
1921	〃10年		55		春	23	張申府らの紹介でパリ共産主義小組に加入する。（85年に中共中央により中国共産党正式入党と決定）
1922	〃11年		56		春	24	パリからベルリンへ向かう。ドイツ在留中国共産党の設立に参加する。
					6		パリで旅欧中国少年共産党結成。宣伝責任者となり、機関誌『少年』を発行する。（8月）
					10		旅欧中国少年共産党会議開催。中央執行委員に選出される。
1923	〃12年	9	57	9月1日の関東大震災により校舎が焼失する。亀次郎は夏休みで墓参のため帰省中であった。	2	25	フランス ブロネで中国少年共産党臨時代表大会開催、旅欧中国共産主義青年団に改称、周恩来書記兼執行委員に選出される。
				9月6日、上京して直ちに復興にとりかかる。			
		10		10月10日、仮校舎で授業再開する。この間留学生の救援と帰国のための援助活動に関係者が尽力する。			
1924	〃13年		58		7	26	フランスから帰国の途に就く。
1925	〃14年	4	59	東亜高等予備高校を財団法人日華学会に合併譲渡、亀次郎は教頭に就任する。	1	27	中共第四回大会に出席する。
					8		広州で鄧穎超と結婚する。（恩来27歳、穎超21歳）
					9		国民革命軍第一軍政治部主任となる、軍閥陳炯明討伐軍の政治部主任を兼務する。

1927	昭和2年		61		2	29	中国共産党上海地区軍事委員会書記に就任する。
					3		上海での第三次武装蜂起を指揮する。
					4		※上海で蒋介石によるクーデター発生。多数の共産党員らが殺害される。南京、広東、湖南、杭州でも同様の事件が発生する。(第1次国共合作崩壊)
					8		南昌で武装蜂起を指揮する。蜂起の8月1日は中国の建軍節。
1928	〃3年		62		6	30	モスクワで開かれた中共第六回大会に出席。六期一中全会で政治局常務委員に選出される。
1929	〃4年		63		6	31	上海で開催された六期二中全会で政治局委員となる。
1930	昭和5年	4	64	4月～5月、外務省・文部省の補助により、中国教育事情視察旅行に出る。天津の南開大学、杭州の秋瑾の墓など中国各地の教育機関、ゆかりの地、名所などを訪ねる。	10	32	中共中央政治局会議で、向忠発・周恩来・徐錫根の3人による中央常務委員を構成することを決定。
1931	〃6年	7	65	前年の中国視察に基づいて『中華五十日游記・中華教育視察紀要・中華留学生教育小史』を出版、各界名士に寄贈して波紋を拡げる。	1	33	中共拡大六期四中全会開催、王明らソ連留学派が指導権を掌握。周恩来は政治局常務委員となる。
							周恩来を書記とする中共ソビエト中央局が江西省で正式発足する。
					9		柳条湖事件が発生、中共臨時中央「日本帝国主義の満州武力占領事件に関する決議」を採択、反帝運動を呼びかける。
					11		江西省瑞金を首都に、中華ソビエト共和国臨時中央政府成立(主席は毛沢東)、周恩来は中央執行委員会委員に選出される。
1934	〃9年	6	68	『訳解・日語肯綮大全』を出版する。	1	36	瑞金で六期五中全会が開催され、政治局常務委員となる。
					10		国民党軍の総攻撃が開始される。中共軍は拠点の瑞金を放棄し、長征が始まる。
1935	〃10年	5	69	東亜高等予備学校を「東亜学校」と改称する。この頃雑誌『日文研究』を総編集。魯迅が寄稿。	1	37	中共軍の長征途上、貴州省で遵義会議を開催する。周恩来が自己批判を行い、毛沢東による党と軍事の実権の掌握を支持する。
1936	〃11年		70		12	38	西安事件が発生。西安で張学良と会談し、解決に尽力する。
					6		江西省廬山で中共代表として、蒋介石と国共両党による抗日について会談する。

1937	〃12年	7	71	※7月7日、盧溝橋事件が起こり、日中戦争が勃発する。	7	39	※盧溝橋事件が起こり、日中戦争が勃発する。
					9		※蒋介石が廬山で談話を発表し、抗日民族統一戦線を正式に結成する。第二次国共合作成立する。
					12		中共中央代表団と長江中央局が合併し、周恩来は副書記となる（書記は王明）。
1938	〃13年	4	72	母、みわ が逝去。	2	40	国共合作にもとづき国民政府軍事委員会政治部成立し、副部長となる（部長は陳誠、第三庁庁長に郭沫若）。
1939	〃14年		73		7	41	落馬し右腕を骨折する。翌月治療のためソ連に出発する。（～40年2月）
1940	〃15年		74	この年、汪向栄青年が留学して東亜学校に入り、亀次郎と出会う。		42	
1941	〃16年	1	75	1月20日、長男の操一郎が逝去。※12月、太平洋戦争が勃発する。		43	
1942	〃17年	1	76	1月22日、妻ひさが逝去。神谷孝平の長男洋一郎を相続人とする。	2	44	毛沢東の指示により延安で整風運動が始まる。南方局も周恩来の指示で学習を開始する。
		7		汪向栄氏が、大阪毎日新聞社発行の『華文大阪毎日』に「中国留日学生教育問題―松本亀次郎氏的功績」と題して2回連載する。南京政府外交部長褚民誼から喜寿の祝電が届く。			
1943	〃18年		77		3	45	延安で中共中央政治局会議開催、毛沢東の最終決定権を明記する。
1944	〃19年		78	夏、郷里に疎開、60年ぶりに故郷の人々と親しむ。毎日、般若心経を読み、東洋の平和を祈り、詩作と揮毫に暮らす。		46	
1945	〃20年	8	79	※8月15日、太平洋戦争が終結する。	6	47	中共七期一中全会で政治局委員、書記処書記となる。
		9		9月12日、松本亀次郎、大東町の生家で永眠する。享年79歳7ヶ月であった。	8		日本が無条件降伏。毛沢東とともに重慶へ向い蒋介石と国共会談をおこなう。
1946					1	48	※国共両軍の休戦協定が成立する。
					6		※全面的な国共内戦が始まる。
1947					3	49	国民党軍の攻撃により、毛沢東らとともに延安を撤退。
					4		毛沢東、任弼時とともに軍事作戦を指導する。
1949					1	51	共産党軍が北京に入城する。（国民党軍は12月、台湾に逃れる）
					10		中華人民共和国が成立し、総理兼外交部長に就任。
1951					2	53	中共中央政治局拡大会議が開催され、指導小組メンバーとなる、第一次五カ年計画を立案する。
1952					6	54	第一次中日民間貿易協定を調印する。
					11		中国在留邦人の帰還問題に関する規定に調印、翌年より帰国を開始する。
1953					3	55	スターリン逝去、葬儀に代表団長として参加する。

1953					3	55	スターリン逝去、葬儀に代表団長として参加する。
1954					9	56	第一期全人代で政府活動報告を行う。
1955					4	57	第1回アジア・アフリカ会議(バンドン会議)に出席する。
1957					4	59	日本社会党訪中団(団長浅沼稲次郎)と会見する。
1958						60	※大躍進政策(運動)始まる。
1959					1	61	ソ連を訪問し、フルシチョフと会談する。
					9		日中関係改善のために訪中した石橋湛山前首相と会見する。
					10		訪中したフルシチョフと会見、共同声明を発表できず、対立が表面化する。
1962					9	64	衆議院議員松村謙三氏と会見、政治三原則、貿易三原則などを協議する。
					11		日中長期総合貿易に関する覚書(LT貿易)調印式に立ち会う。
1966					5	68	※文化大革命が始まる。
1971					4	73	日本での世界卓球大会に参加した米国チームを招聘、代表と会見する。(ピンポン外交)
					6		公明党訪中団と会見する。
					7		キッシンジャー米国大統領補佐官が秘密訪中し、米大統領訪中などについて協議する。
1972					2	74	ニクソン米国大統領訪中、上海コミュニケを発表する。
					5		健康診断の際、膀胱がんが発見される。
					9		田中角栄首相訪中、日中共同声明に調印、国交正常化実現する。
1973					1	75	公務多忙により治療を引き延ばしていたためがんが悪化し、大量出血。
					4		腫瘍摘出手術を受ける。
					7		毛沢東、周恩来が主導する外交部の姿勢を批判する。
					8		※江青らが「四人組」を結成する。
1974					1	76	大平正芳外相訪中、日中貿易協定に調印する。
							四人組らによる「批林批孔」(周恩来攻撃)運動を展開する。
					3		病状が悪化し、がんの再発が確認される。
					6		北京305病院に入院し、一度目の大手術を受ける。
					8		ガンの転移が確認され、二度目の大手術を受ける、術後の病状は好転する。
1975					6	77	賀竜の遺骨安置式に出席、追悼の辞を述べる。公式行事への最後の参加となる。
1976					1	78	1月8日、305病院で逝去、享年78歳であった。

作成：大東図書館　協力：松本亀次郎記念日中友好国際交流の会
「松本亀次郎の生涯」,「周恩来と日本」,「周恩来十九歳の東京日記」関連年表等を参照編集作成

【著　者】
王　敏（ワン・ミン、おう・びん）
中国・河北省承徳市生まれ。大連外国語大学日本語学部卒業、四川外国語大学大学院修了。宮沢賢治研究、日中比較文化研究。人文科学博士（お茶の水女子大学）。「文化外交を推進する総理懇談会」や「国際文化交流推進会議有識者会合」など委員も経験。日本ペンクラブ国際委員、朝日新聞アジアフェロー世話人、早稲田大学や関西大学などの客員教授などを歴任。法政大学名誉教授、桜美林大学特任教授、拓殖大学客員教授、周恩来平和研究所所長。

宮沢賢治を中国に初めて紹介したことで知られている。90年に中国優秀翻訳賞、92年に山崎賞、97年に岩手日報文学賞賢治賞を受賞。2009年に文化庁長官表彰。

主著：『嵐山の周恩来』（三和書籍）、『禹王と日本人』（NHK出版）、『宮沢賢治、中国に翔る想い』（岩波書店）、『宮沢賢治と中国』（国際言語文化振興財団）、『中国人の愛国心――日本人とは違う５つの思考回路』（PHP新書）、『ほんとうは日本に憧れる中国人――「反日感情」の深層分析』（PHP新書）、など。
共著：『自分がされたくないことは人にもしない』（三和書籍）、『日本初の「世界」思想』（藤原書店）、『＜意＞の文化と＜情＞の文化』（中公叢書）、『君子の交わり　小人の交わり』（中公新書）、『中国シンボル・イメージ図典』（東京堂出版）、『中国人の日本観』（三和書籍）、『日中文化の交差点』（三和書籍）など。
要訳：『西遊記』、『三国志』、『紅楼夢』など
中国語作品：『漢魂与和魂』、『十国前政要論全球＜公共論理＞』、『中日神話伝説比較研究』、『中国小説与伝説在日本的伝播与再創』、『銀河鉄道之夜』、『生活中的日本――解読中日文化之差異』、『宮沢賢治傑作選』など多数。

周恩来と日本
日本留学の平和遺産

2022年　4月　5日　　第1版第1刷発行

著　者　王　敏

発行者　高　橋　考
発行所　三　和　書　籍
〒112-0013　東京都文京区音羽2-2-2
TEL 03-5395-4630　FAX 03-5395-4632
sanwa@sanwa-co.com
http://www.sanwa-co.com

印刷／製本　中央精版印刷株式会社

ISBN978-4-86251-463-9 C3036